中国国家留学基金管理委员会指定来华留学生基础汉语教材

天天汉语

读写（2）

TIANTIAN HANYU DUXIE（2）

丛书主编 韩志刚 董 杰
本册主编 王业奇

图书在版编目(CIP)数据

天天汉语.读写.2/王业奇主编.—天津：天津大学出版社，2015.10

中国国家留学基金管理委员会指定来华留学生基础汉语教材/韩志刚，董杰主编

ISBN 978-7-5618-5451-8

Ⅰ.①天… Ⅱ.①王… Ⅲ.①汉语－阅读教学－对外汉语教学－教材②汉语－写作－对外汉语教学－教材 Ⅳ.①H195.4

中国版本图书馆CIP数据核字(2015)第261470号

出版发行 天津大学出版社
地　　址 天津市卫津路92号天津大学内(邮编:300072)
电　　话 发行部:022-27403647
网　　址 publish.tju.edu.cn
印　　刷 廊坊市海涛印刷有限公司
经　　销 全国各地新华书店
开　　本 210mm×285mm
印　　张 12.75
字　　数 484千
版　　次 2015年12月第1版
印　　次 2015年12月第1次
定　　价 55.00元

前　言

本套教材是中国国家留学基金管理委员会指定的来华留学生预科教育专用基础汉语教材，也可供以学习基础汉语、报考HSK（汉语水平考试）为目的的各类来华人员使用。

中国政府奖学金本科来华留学生预科教育自2005年起开始试行，近十年来，各预科教育院校所用的基础汉语教材并不统一，其中罕有完全适合预科教育培养目标的教材，因此设计编写一套为预科教育培养目标服务的专用教材就显得非常必要。随着预科教育事业的不断发展，教育部国际合作与交流司和国家留学基金管理委员会致力于推动预科教育培养标准的规范化、科学化工作，逐步确定和完善预科教学大纲和考试大纲，这为预科教育专用教材的设计编写提供了重要依据。

为了服务预科教育总体培养目标、加强预科专用教材建设、推动预科教育事业的发展，2013年天津大学国际教育学院决定组织力量编写一套针对性强的预科教育基础汉语专用教材。自2013年春季始，我们集中学院优秀师资，以多年从事预科教育的汉语教师为主体组成编写团队，精心设计编写，反复修改打磨，经过三年的努力，工作终见成效。

本套教材包括读写和口语两个系列，共五册，其中读写教材为主干，分为三册。读写教材遵循以结构为纲、兼顾功能和话题的原则，语法点、词汇的选择以预科基础汉语教学大纲及新HSK考试大纲为主要依据，语言知识讲解以直观、简要、易懂为原则，严格控制词语的级别，追求科学性；课文内容贴近日常生活，兼顾实用性和趣味性。

本书为读写第二册，共有16课，包括问时间地点、谈学习生活、谈旅行、谈爱好、购物、运动与健身、谈理想、谈习惯、谈科技等汉语交际的基本话题。本书包括基础汉语语法知识、约400个基本词语以及汉字书写的基本知识。每课包括生词表、课文、语言文化知识、练习四大部分。生词表除拼音、词性、英文释义以外，还配有常见搭配实例；课文配有相应插图，拼音在上，文字在下，拼音部分以词为单位分写；语言文化知识则尽量直观示意，辅以简要讲解，并配以实例、语法格式；练习形式丰富多样，习题难度注重循序渐进，部分题型采用了新HSK题目形式，如句子配对、看图片写句子和阅读理解等题型。本书适合已掌握200个左右汉语基本词语的来华留学生使用,学完后可达到新HSK三级合格水平。

本书第一课由韩志刚老师编写,第二课、第九至十二课由董杰老师编写,第三课、第五至八课由张丽媛老师编写,第四课、第十三至十六课由王业奇老师编写。本册英文翻译工作由王子君、张丽媛、李琳三位老师完成。

真诚期待使用本书的老师和学习者提出宝贵意见,以便我们进一步修改完善。

编者

2015年10月

于天津大学

目　　录

dì yī kè

第一课

Diànyǐngyuàn lí wǒ jiā bù yuǎn

电影院离我家不远

shēngcí

生　词　New Words

1	咱们	zánmen	代	we	咱们俩
2	一起	yìqǐ	副	together	一起去；跟她一起
3	场	chǎng	量		一场电影；一场雨
4	怎么样	zěnmeyàng	代	how about	
5	错	cuò	形	wrong	说错了；写错了
6	不错	búcuò	形	not bad	很不错；说得不错
7	见面	jiànmiàn	动	meet	跟朋友见面；见见面
8	左右	zuǒyòu	名	or so	20岁左右；100米左右
9	一会儿	yíhuìr	名	a moment	等一会儿；听一会儿

kèwén

课 文 Text

Diànyǐngyuàn lí wǒ jiā bù yuǎn

(一)电影院离我家不远

Wáng Hàn zài gěi Lǐ Xiǎoyīng dǎ diànhuà
(王汉在给李小英打电话)

Wáng Hàn: Wèi, Xiǎoyīng, jīntiān nǐ yǒu shíjiān ma? Zánmen yìqǐ qù kàn yì chǎng diànyǐng zěnmeyàng?
王 汉：喂，小英，今天你有时间吗？咱们一起去看一场电影怎么样？

Lǐ Xiǎoyīng: Jīntiān yǒu shénme hǎokàn de diànyǐng a?
李小英：今天有什么好看的电影啊？

Wáng Hàn: 《Tiānlù》, hěn duō rén dōu shuō búcuò.
王 汉：《天路》，很多人都说不错。

Lǐ Xiǎoyīng: Hǎo a. Zánmen kàn jǐ diǎn de?
李小英：好啊。咱们看几点的？

Wáng Hàn: Kàn sì diǎn de nà chǎng ba.
王 汉：看四点的那场吧。

Lǐ Xiǎoyīng: Wǒmen zài nǎr jiànmiàn?
李小英：我们在哪儿见面？

Wáng Hàn: Diànyǐngyuàn lí wǒ jiā bù yuǎn, zài wǒ jiā ménkǒur jiànmiàn, zěnmeyàng?
王 汉：电影院离我家不远，在我家门口儿见面，怎么样？

Lǐ Xiǎoyīng: Diànyǐngyuàn lí nǐ jiā yǒu duō yuǎn?
李小英：电影院离你家有多远？

Wáng Hàn: Cóng wǒ jiā dào diànyǐngyuàn zǒu lù wǔ fēnzhōng zuǒyòu jiù dào le.
王 汉：从我家到电影院走路五分钟左右就到了。

Lǐ Xiǎoyīng: Hǎo ba. Yíhuìr jiàn!
李小英：好吧。一会儿见！

shēngcí

生 词 New Words

10	上班	shàng bān	动	to go to work	去上班；不上班
11	工作	gōngzuò	动/名	to work; job	有工作；做什么工作
12	才	cái	副	(to indicate some action takes a long time or something occurs late or not easily)	九点才起床

13	觉得	juéde	动	to feel	觉得有意思；觉得不错
14	非常	fēicháng	副	very much	非常好；非常贵
15	累	lèi	形	tired	觉得很累；非常累
16	电视	diànshì	名	TV	看电视；电视机
17	报纸	bàozhǐ	名	newspaper	一张报纸；买报纸
18	洗澡	xǐ zǎo	动	to bathe; to take a shower	没洗澡；洗洗澡
19	就	jiù	副		五岁就上学
20	公司	gōngsī	名	company	一家公司
21	需要	xūyào	动／名	to need	需要帮助；需要休息
22	分钟	fēnzhōng	名	minute	三分钟；十分钟
23	下雨	xià yǔ		to rain	下雨了；下大雨
24	用	yòng	动	to spend; to use	用两天；用手机
25	迟到	chídào	动	to be late	别迟到；上课迟到

kèwén
课文 Text

Lǐ Dōng shàng bān chídào le
（二）李东上班迟到了

Lǐ Dōng měi tiān shàngwǔ bā diǎn shàng bān, xiàwǔ liù diǎn xià bān, wǎnshang shíyī diǎn zuǒyòu shuìjiào. Zuótiān gōngzuò tài máng le, qī diǎn cái xià bān. Huídào jiā, tā juéde fēicháng lèi, chīle wǎnfàn, méi

李东每天上午八点上班，下午六点下班，晚上十一点左右睡觉。昨天工作太忙了，七点才下班。回到家，他觉得非常累，吃了晚饭，没

kàn diànshì, yě méi kàn bàozhǐ xǐ le xǐ zǎo jiǔ diǎn bàn jiù shàng chuáng shuìjiào le.
看电视，也没看报纸，洗了洗澡，九点半就上床睡觉了。

Jīntiān zǎoshang qī diǎn bàn cái qǐ chuáng. Cóng tā jiā dào gōngsī xūyào
今天早上七点半才起床。从他家到公司需要

èrshí fēnzhōng zuǒyòu. Jīntiān tiānqì bù hǎo, xià yǔ le, tā yòngle sìshí
二十分钟左右。今天天气不好，下雨了，他用了四十

fēnzhōng, bā diǎn shí fēn cái dào gōngsī, jīntiān tā chídào le.
分钟，八点十分才到公司，今天他迟到了。

zhùshì

注释 Notes

1. 不错(not bad;good)

(1)今天我买了一件衣服，朋友们都说不错。

(2)今天天气不错，我们去公园玩玩吧。

2. 咱们(you and I/we;you and me/us)

(1)咱们一起去吃饭吧。

(2)这位老师就是咱们的听力老师。

kèwén lǐjiě

课文理解 Text Comprehension

一、根据课文(一)回答问题 Answer the Following Questions According to Text(一)

1. 今天他们一起做什么？
2. 他们看几点的电影？
3. 他们在哪儿见面？为什么？
4. 从王汉家到电影院需要多长时间？

二、根据课文(二)回答问题 Answer the Following Questions According to Text(二)

1. 李东每天几点下班？昨天几点下班？
2. 李东昨天睡觉晚吗？
3. 李东今天起床早不早？
4. 李东今天为什么迟到了？

三、根据课文(一)填空 Fill in the Blanks According to Text(一)

王汉问我今天有没有______,他想和我______去看一______电影,电影的名字叫《天路》,听说很不_____。我们看下午四点的那一场,下午我去____他,在他家门口儿_____。他家____电影院很近,走路五分钟_____就到了。

四、根据课文(二)完成下面对话 Complete the Following Dialogue According to Text(二)

妻子:这么晚了,你怎么____________?

李东:今天______太忙了,七点钟才忙完。

妻子:快吃饭吧。你累了吧?

李东:是啊,__________累!

妻子:那今天就别看_____和_____了,洗洗_____,早点儿____吧。明天还要_____呢,别_____。

李东:好吧。

语法 Grammar

yǔfǎ

一、"才 +v.……""就 +v.……了"

1. 我5点就起床了,哥哥9点才起床。
2. 我们学校6月20号就放暑假了,他们学校7月1号才放暑假。
3. 从宿舍去教室,3分钟就到了;从学校去公园20分钟才能到。

错句 Wrong Sentences

*1. 昨天晚上8点,就我睡觉了。

*2. 已经9点了,才她来教室。

*3. 你怎么才来了?

总结 Summary

"才"表示用的时间长、发生得晚、不容易,"就"表示用的时间短、发生得早、容易。用"才"的句子后面一般不能用"了"。"才"和"就"应该用在动词和介词的前面,一般不能用在代词、名词的前面。

"才"indicates some action takes a long time or something occurs late or not easily. "就" indicates some action takes a short time or something occurs early or easily. Generally, "了"can not be used after"才"-sentences. "才"and"就"should not be put in front of pronouns or nouns, but in front of verbs and prepositions.

二、"多 +adj."

1. A:你爸爸今年有多大?

   B:他 48 岁。

2. A:电影院离这儿有多远?

   B:离这儿 500 米左右。

3. A:你多高?

   B:我一米七八。

总结 Summary

"多 +adj."用来询问事物各个方面的数量特征,常用语有"多大(how old)、多高(how tall/high)、多重(how heavy)、多长(how long)、多深(how deep)、多远(how far)"等。

"多 +adj."is used to ask about something' s quantity on some aspect. Common phrases include "多大(how old),多高(how high),多重(how heavy),多长(how long),多深(how deep),多远(how far)",etc.

三、概数的表达(2) Approximate Number(2)

左右 (or so)

1. 那位老人有 70 岁左右。
2. 这些苹果有 8 斤左右。
3. 那个手机 2 500 块钱左右。

错句 Wrong Sentences

*1. 这个班有 20 个左右人。

*2. 今天来了 15 左右个同学。

*3. 今年暑假有 40 左右天。

总结 Summary

"左右"表示大概的数量,使用环境是"数词 + 量词 + 左右",或者"数词 + 量词 + 名词 +

左右”。

“左右”is used to express the probable number. It is used in the form of“num. +m.w.+ 左右”or “num. +m.w.+ n.+ 左右”.

zōnghé liànxí
综合练习 Comprehensive Exercises

一、朗读练习 Read Aloud

1. 不错、不坐

   今天天气很不错。

   我请他坐，他不坐。

2. 电影院、咖啡馆

   电影院离这儿有多远？

   电影院旁边有没有咖啡馆？

3. 咱们一起去

   咱们一起去教室吧。

   咱们一起去教室学习汉语吧。

二、选词填空 Choose the Proper Words to Fill in the Blanks

见面	上班	工作	觉得	分钟

1. 你妈妈做什么__________？
2. 今天天气不好，我________很冷。
3. 从我家到学校需要走 10________左右。
4. 他上班，我上学，我们不常________。
5. 我在银行工作，每天 9 点________，下午 5 点下班。

累	错	报纸	公司	需要

6. 对不起，这个字我写________了。
7. 下午我去踢足球了，太________了。

8. 请你帮我买一份________，好吗？

9. 你在北京上学，一个月________多少钱？

10. 哥哥在一家大________工作，每天都很忙。

三、语法练习 Grammar Exercises

（一）组句 Construct Sentences

1. 很近　我的　图书馆　离　宿舍

____

2. 需要　图书馆　从我的宿舍　5 分钟　到

____

3. 大　你的　有　宿舍　多

____

4. 这个　多重　有　西瓜　大

____

5. 多远　有　北京　天津　离

____

（二）把括号里的词语放在适当位置 Put the Words in the Brackets at the Proper Positions

1. 爸爸每天六 A 点钟 B 下班 C。（左右）
2. 我现在 A 有一百五十 B 斤 C。（左右）
3. 这个手表不贵，A 可能八十块 B 钱 C。（左右）
4. 昨天睡觉太晚了，A 我 B 两点钟 C 睡觉。（才）
5. 今天作业不多，A 一会儿 B 我 C 写完了。（就）
6. 用了两个多小时，A 我们 B 到 C 学校。（才）

（三）用括号里的词语完成对话 Complete the Dialogues with the Words in the Brackets

1. A：你妹妹有多高？

   B：________________________。（左右）

2. A：这个教室里有多少人？

   B：________________________。（左右）

3. A：________________________？（重）

   B：我一百一十斤。

4. A:你今天起床早吗?

B:不早,________________________________。(才)

5. A:你家离学校远吗?

B:我家离学校很近,________________________________。(就)

6. A:你几岁上学的?

B:________________________________。(就)

(四)课堂活动　Activities

比早晚

[学生两个人一组,甲先说一句,乙接着说一句,轮流发言,互相攀比。用"就"比早,用"才"比晚]

示范:甲:我6点就起床了。

乙:我5点就起床了。

甲:我4点就起床了。

乙:……

话题推荐:会说话、会走路、睡觉、起床、来学校、上学、结婚。

四、句子匹配　Match the Sentences

A. 明天我们一起去北京怎么样?

B. 你爸爸每天几点钟下班?

C. 很近,走路五分钟左右就到了。

D. 不太大,一共有一百多人。

E. 他吃了饭、洗了澡就上床睡觉了。

F. 她去中国朋友家。

例如:明天安娜去北京。　[F]

1. 几点我不知道,他常常很晚才到家。　[ ]
2. 电影院离咱们学校远吗?　[ ]
3. 对不起,明天我没有时间。　[ ]
4. 下午小明去踢足球了,很累。　[ ]
5. 你爸爸的公司是一家大公司吗?　[ ]

五、阅读理解 Reading Comprehension

1. 银行离这儿不远，从这儿往前走，前面有一个小学校，过了小学往左拐，马路右边有个汽车站，汽车站后边三十米左右就是银行。

★ 银行离哪儿最近？（　　）

A. 小学　　　　B. 这儿　　　　C. 汽车站

2. 当学生的时候，她可以多睡觉，早上 8 点多才起床。结婚以后，也是这样。但是，当了妈妈以后，就不一样了，常常 6 点左右就得起床。

★ 她什么时候睡觉少？（　　）

A. 当学生的时候　　　　B. 当妈妈以后　　　　C. 结婚以后

六、汉字书写 Write the Chinese Characters

看下面的汉字部件，两两组合后注音，并抄写。

Look at the following Chinese character components and combine them in pairs to form characters. Write down the pinyin of the characters and copy the characters.

纟	辶	氵	礻	走	口	刂	氏
雨	见	自	而	尺	先	至	己

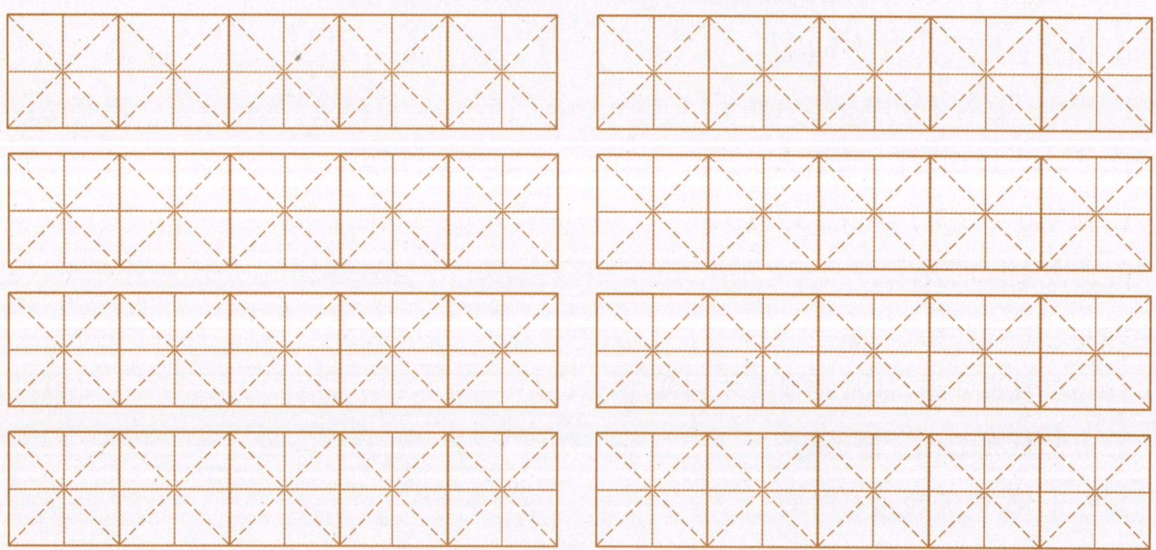

dì èr kè
第二课

Wǒ xíguànle zhèlǐ de shēnghuó
我习惯了这里的生活

shēngcí
生　词　New Words

1	差不多	chàbuduō	副	almost	差不多两点了
2	习惯	xíguàn	动 / 名	to be accustomed to; habit	好习惯
3	生活	shēnghuó	动 / 名	to live; life	在中国的生活
4	刷牙	shuā yá	离	to brush teeth	天天刷牙
5	脸	liǎn	名	face	洗脸
6	餐厅	cāntīng	名	restaurant	去餐厅吃饭
7	一般	yìbān	副	generally	中午我一般不休息
8	锻炼	duànliàn	动	to do physical exercise	常常锻炼身体
9	先	xiān	副	at first	先休息一下儿
10	作业	zuòyè	名	homework	写作业
11	复习	fùxí	动	to review	复习旧课
12	预习	yùxí	动	to preview	预习新课

13	然后	ránhòu	副	and then	然后学习
14	上网	shàng wǎng	离	surf the internet	在房间里上网
15	聊天儿	liáotiānr	离	to chat	跟朋友聊天儿
16	逛街	guàng jiē	离	to do shopping	跟朋友逛街
17	公园	gōngyuán	名	park	去公园
18	旧	jiù	形	old	旧书
19	必须	bìxū	副	must	必须来
20	黑板	hēibǎn	名	blackboard	看黑板
21	清楚	qīngchu	形	clear	看清楚
22	请假	qǐng jià	离	to ask for leave	很少请假

kèwén
课文 Text

Wǒ xíguànle zhèlǐ de shēnghuó
我习惯了这里的生活

Wǒ lái Zhōngguó liǎng ge duō yuè le, chàbuduō yǐjīng xíguànle zhèlǐ de shēnghuó.
我来中国两个多月了，差不多已经习惯了这里的生活。

Wǒ měi tiān zǎoshang liù diǎn bàn qǐchuáng. Qǐchuáng yǐhòu, wǒ xiān xǐ zǎo, ránhòu shuā yá, xǐ liǎn. Wǒ jiā yǒudiǎnr yuǎn, wǒ bù xiǎng chídào, suǒyǐ qī diǎn bàn bìxū qù xuéxiào. Wǒ xǐhuan xuéxí, měi tiān dōu lái xuéxiào shàng kè, hěn shǎo qǐng jià. Shàngwǔ wǒ yǒu sì jié kè, bā diǎn shàng kè, shàng sān ge duō xiǎoshí Hànyǔkè. Wǒ cháng zuò zài jiàoshì qiánbian, zhèyàng wǒ néng kàn qīngchu hēibǎn shàng de zì.
我每天早上六点半起床。起床以后，我先洗澡，然后刷牙、洗脸。我家有点儿远，我不想迟到，所以七点半必须去学校。我喜欢学习，每天都来学校上课，很少请假。上午我有四节课，八点上课，上三个多小时汉语课。我常坐在教室前边，这样我能看清楚黑板上的字。

Zhōngwǔ wǒ yìbān zài cāntīng chī wǔfàn. Wǔfàn hòu wǒ xiūxi yí ge xiǎoshí, huòzhě hé péngyou liáo huìr tiānr. Xiàwǔ xià kè hòu,
中午我一般在餐厅吃午饭。午饭后我休息一个小时，或者和朋友聊会儿天儿。下午下课后，

wǒ qù duànliàn shēntǐ, duànliàn yì xiǎoshí hòu huí jiā zuò wǎnfàn. Wǎnshang
我去锻炼身体，锻炼一小时后回家做晚饭。晚上
wǒ xiān zuò zuòyè, fùxí jiùkè, yùxí xīnkè, ránhòu shàng wǎng
我先做作业，复习旧课，预习新课，然后上网
gēn péngyou liáo huìr tiānr, zài kàn yí ge duō xiǎoshí diànshì huòzhě
跟朋友聊会儿天儿，再看一个多小时电视或者
diànyǐng.
电影。

Wǒ yǒu hěn duō péngyou, yǒu Zhōngguó péngyou, yě yǒu wàiguó péngyou.
我有很多朋友，有中国朋友，也有外国朋友。
Zhōumò de shíhou, wǒ cháng gēn tāmen yìqǐ guàng jiē, chī fàn,
周末的时候，我常跟他们一起逛街、吃饭、
qù gōngyuán wánr... Wǒ hěn xǐhuan zhèlǐ de shēnghuó, bù zěnme xiǎng jiā.
去公园玩儿……我很喜欢这里的生活，不怎么想家。

zhùshì
注释 Notes

先……然后…… first..., and then...

晚上，我一般先做作业、复习旧课、预习新课，然后上网，或者看电影，有时也跟朋友们聊会儿天儿。

kèwén lǐjiě
课文理解 Text Comprehension

一、根据课文回答问题 Answer the Following Questions According to the Text

1.“我”来中国多长时间了？
2.“我”上午上多长时间课？
3. 中午“我”一般在哪儿吃午饭？
4. 下午“我”锻炼身体吗？锻炼多长时间？
5.“我”喜欢这里的生活吗？习惯了吗？

二、根据课文填空 Fill in the Blanks According to the Text

我来中国__________了，差不多已经______了这里的生活。我每天早上六点半起床。起

床以后，我______洗澡，__________刷牙、洗脸。我家有点儿远，我不想__________，七点半我__________去学校。我喜欢学习，每天都去学校上课，很少__________。上午我有四______课，八点上课，上三个多小时，十一点半下课。我常坐在教室前边，这样我能__________黑板上的字。

语法 Grammar

一、时量补语 Complement of Duration

(A)	V	+	时量补语	+	O事物
(问：你学习了多长时间汉语？)——我	学习了		一个小时(的)		汉语。
(问：昨天你看了多长时间电视？)——我	看了		十分钟(的)		电视。
(问：昨天你睡了多长时间？)——我	睡了		七个小时(的)		觉。

	V	+	O人	+	时量补语
(问：我们还等他吗？)——我们再	等		他		五分钟。
(问：妈妈照顾了爷爷多长时间？)——妈妈	照顾了		爷爷		一个星期。

错句 Wrong Sentences

* 1. 我学习汉语了一个小时。
* 2. 我看电视了十分钟。
* 3. 我们再等五分钟他。

总结 Summary

一般情况下，时量补语应紧跟在动词后面，表示动作持续的时间有多长。当宾语是表示人的词语时，时量补语应在宾语的后面。

Generally, complement of duration should follow the verb closely, which expresses how long the action lasts. When the object is a word indicating some person, complement of duration should be put behind the object.

(B)

V 短暂	+	O	+	时量补语	+	了

(问:你来中国多长时间了?)——我　来　中国　两个月　了。

(问:姐姐结婚多长时间了?)——姐姐　结婚　半年　了。

错句　Wrong Sentences

* 1. 我来两个月中国了。

* 2. 姐姐结半年婚了。

总结　Summary

如果动词表示的动作不能持续,例如"来、去、到、毕业、结婚"等,时量补语应该在宾语后面(如果动词后有宾语),表示动作完成后状态持续的时间是多长。

If the action indicated by the verb is not continuous, such as "来,去,到,毕业,结婚" and so on, complement of duration should be put behind the object (if there is an object behind the verb), which expresses how long the state lasts after the action occurs.

二、离合词　Clutch Verb

睡觉:睡睡觉　　睡一觉　　睡一个小时觉

跑步:跑跑步　　跑两步　　跑一会儿步

游泳:游游泳　　游个泳　　游一会儿泳

错句　Wrong Sentences

* 1. 我中午睡觉了一个小时。

* 2. 起床后,我常常跑步一会儿再吃早饭。

* 3. 游泳游泳是很好的休息。

总结　Summary

汉语中的离合词很多,我们学过的离合词还有"唱歌、跳舞、上课、上班"等。

There are many clutch verbs in Chinese. We have learned some clutch verbs such as "唱歌,跳舞,上课,上班" and so on.

三、概数的表达 (3)　Approximate Number(3)

多 (more than)

数词	+	量词	+	多	+	名词	
三		块		多		钱	[三块＜三块多＜四块]
五		斤		多		水果	[五斤＜五斤多＜六斤]
八		米		多		长	[八米＜八米多＜九米]

数词	+	多	+	量词	+	（名词）	
二十		多		个		学生	[二十个＜二十多个＜三十个]
四十		多		岁			[四十岁＜四十多岁＜五十岁]
一百		多		本		书	[一百本＜一百多本＜二百本]

zōnghé liànxí
综合练习　Comprehensive Exercises

一、朗读练习　Read Aloud

1. 你学习了多长时间？
2. 我在中国生活了五年。
3. 爸爸看了两小时电视。
4. 我写了一个小时汉字。
5. 昨晚你睡了几个小时觉？

二、词语应用　Word Application

（一）选词填空　Choose the Proper Words to Fill in the Blanks

预习	然后	上网	必须	生活	洗澡

1. 锻炼后很累也很热，我要回房间________。
2. 老师说________就是自己先学习一下儿新的课。
3. 我给妈妈打电话，对她说我很喜欢在这儿的________。

4. 我想家里人的时候就________和他们聊天儿。

5. 明天我想先去银行，________再去超市买东西。

6. 因为我家有点儿远，我早上七点半________去学校。

（二）选择填空　Choose the Right Answer to Fill in Each Blank

1. 我每天下午都________身体，所以我身体很好。

A. 洗澡　　B. 锻炼　　C. 预习　　D. 喜欢

2. 中午我常去玛丽的宿舍和她________。

A. 聊天儿　　B. 习惯　　C. 请假　　D. 刷牙

3. 黑板上的字太小了，我看不________。

A. 清楚　　B. 干净　　C. 安静　　D. 喜欢

4. 麦克有个好习惯，每天课后都________上课学习的东西。

A. 复习　　B. 喜欢　　C. 习惯　　D. 必须

5. 我很累，______工作了三个多小时。

A. 差得多　　B. 差一点儿　　C. 差不多　　D. 很多

三、语法练习　Grammar Exercises

（一）替换　Substitution Drills

1. A：你<u>学习</u>了吗？

B：<u>学习</u>了。

A：<u>学习</u>了多长时间？

B：<u>学习</u>了<u>三个小时</u>。

复习	一个小时
预习	半个小时
休息	二十分钟
睡	五个小时

2. A：昨天你<u>看</u>了多长时间<u>电视</u>？

B：<u>看</u>了<u>两个多小时</u>。

写	汉字	一小时
上	网	半小时
看	电影	两小时
逛	街	三个小时

3. A: 你学 汉语 学了多长时间？

   B: 学了三个月。

洗	澡	半小时
睡	觉	六个小时
上	课	两个多小时
看	电视	一个晚上

(二)组句 Construct Sentences

1. 工作　爸爸　二十年　在那儿　了

____

2. 中国的生活　了　我　习惯　在

____

3. 逛街　这个周末　想去　你　吗

____

4. 你　聊天儿　跟谁　呢　上网

____

5. 去北京　请假　下星期　我想

____

(三)回答问题 Answer the Following Questions

1. 你每天中午休息多长时间？

____

2. 你每天锻炼身体吗？锻炼多长时间？

____

3. 你学了多长时间汉语？

____

4. 你在中国住了多长时间？

____

5. 你每天一般睡几个小时觉？

____

(四)完成对话　Complete the Following Dialogues

1. A：昨天的作业你做了吗？

　B：______________________

　A：作业难吗？做了多长时间？

　B：______________________

2. A：______________________

　B：昨天和朋友去公园玩儿了。

　A：______________________

　B：玩儿了一个上午。

3. A：你喜欢看电视吗？

　B：______________________

　A：每天看几个小时电视？

　B：______________________

4. A：______________________

　B：今天上午上了口语课和听力课。

　A：______________________

　B：上了三个小时。

(五)改错句　Correct the Wrong Sentences

1. 昨天我预习了新课一小时。

____

2. 吃完午饭，我常常和朋友聊天儿一会儿。

____

3. 每天晚上玛丽上网三个小时。

____

4. 我想在天津大学一年学习汉语。

____

5. 我有点儿累，我想睡觉一小时。

____

(六)课堂活动 Activities

按照座位，每个学生用“你做了多长时间……？”和后面的学生进行问答。

四、句子匹配 Match the Sentences

A. 我每天早上六点半起床。

B. 上课的时候，我喜欢坐在教室的前边。

C. 我每天上午有四节课，八点上课。

D. 我家有点儿远，我不想迟到，每天早上七点半必须去学校。

E. 你喜欢学习汉语吗？

F. 她去中国朋友家。

例如：明天安娜去北京。 [F]

1. 这样能看清楚黑板上老师写的字。 [ ]

2. 你真是好学生！我有时起晚了，上课就会迟到。 [ ]

3. 你起得真早，起床以后做什么？ [ ]

4. 非常喜欢，我每天都去学校上课。 [ ]

5. 你上午有汉语课吗？ [ ]

五、阅读理解 Reading Comprehension

很多人周末还在工作，看起来他们是多做了一些事情，但这样对身体和心情都没有好处。我们可以在周末和节假日不想工作的事情，让身体和心情都放松放松，和家人好好玩一玩、乐一乐。

★周末或节假日人们应该（　　）。

A. 努力工作　　B. 好好休息　　C. 多吃多睡

六、汉字书写 Write the Chinese Characters

看下面的汉字部件，两两组合后注音，并抄写。

Look at the following Chinese character components and combine them in pairs to form characters. Write down the pinyin of the characters and copy the characters.

页 耳 舟 反 尺 讠 木 丬

予 青 卯 舌 狂 辶 辶 殳

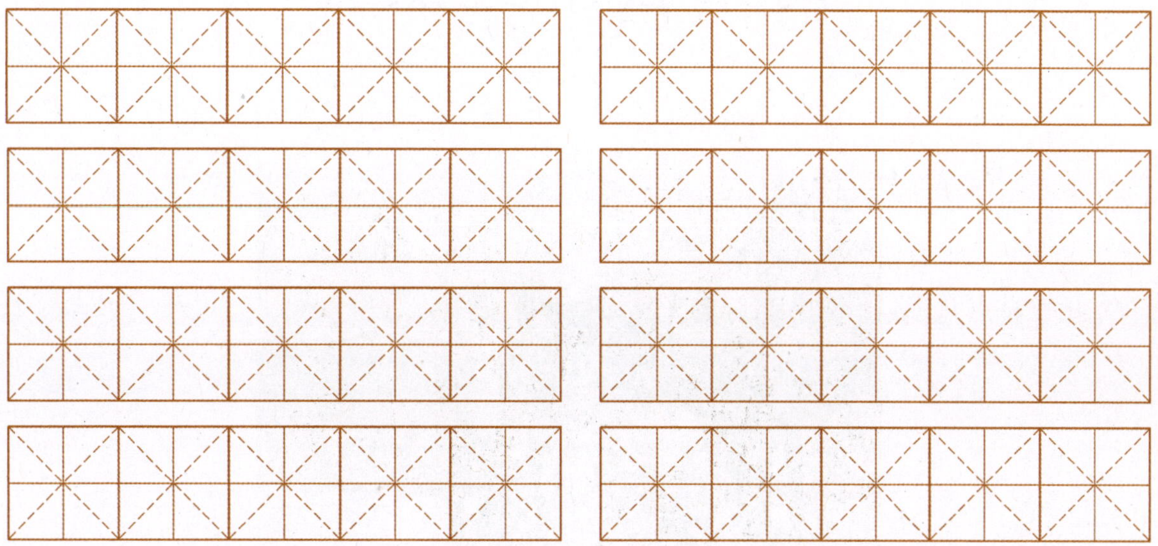

dì sān kè
第三课

Zhōumò qù fùjìn lǚxíng
周末去附近旅行

shēngcí
生词 New Words

1	周末	zhōumò	名	weekend	这个周末
2	一直	yìzhí	副	always; indicating one direction; straight	
3	城市	chéngshì	名	city	一座城市
4	意思	yìsi	名	meaning	没意思
5	风景	fēngjǐng	名	scenery	漂亮的风景
6	爬山	pá shān	离	to climb mountains	爬爬山
7	听说	tīngshuō	动	to hear of	
8	还是	háishì	副 / 连	or	
9	或者	huòzhě	连	or	
10	可以	kěyǐ	能	may; can	
11	集合	jíhé	动	to assemble	在学校集合
12	出租车	chūzūchē	名	taxi	坐出租车

kèwén
课 文 Text

Zhōumò qù fùjìn lǚxíng
(一)周末去附近旅行

Lǎoshī hé tóngxuémen shuō tāmen bān chūqù lǚxíng de shì
(老师和同学们说他们班出去旅行的事)

Lǎoshī: Tóngxuémen, míngtiān jiùshì zhōumò le, zánmen yìqǐ chūqù wánwanr, zěnmeyàng?
老师:同学们,明天就是周末了,咱们一起出去玩玩儿,怎么样?

Tài hǎo le! Yìzhí zài chéngshì lǐ shēnghuó, tài méi yìsi le.
A:太好了!一直在城市里生活,太没意思了。

Lǎoshī, zánmen qù nǎr ya?
B:老师,咱们去哪儿呀?

Lǎoshī: Fùjìn yǒu yí zuò shān, fēngjǐng hěn hǎo, zánmen qù nàr pápa shān, nǐmen juéde zěnmeyàng?
老师:附近有一座山,风景很好,咱们去那儿爬爬山,你们觉得怎么样?

Hǎo a, wǒ zǎo jiù tīngshuō fùjìn yǒu yí zuò hěn piàoliang de shān, yìzhí xiǎng qù kànkan ne.
B:好啊,我早就听说附近有一座很漂亮的山,一直想去看看呢。

Lǎoshī: Zánmen xīngqīliù qù, háishì xīngqītiān qù?
老师:咱们星期六去,还是星期天去?

Tóngxuémen: Xīngqīliù huòzhě xīngqītiān dōu kěyǐ.
同学们:星期六或者星期天都可以。

Lǎoshī: Nà xīngqīliù zěnmeyàng?
老师:那星期六怎么样?

Tóngxuémen: Hǎo.
同学们:好。

Lǎoshī: Nà zánmen jiù xīngqīliù zǎoshang bā diǎn jíhé, yìqǐ zuò chūzūchē qù ba.
老师:那咱们就星期六早上八点集合,一起坐出租车去吧。

shēngcí
生 词 New Words

13	带	dài	动	to take along	带书；带学生
14	绿	lǜ	形	green	绿色
15	红	hóng	形	red	红色
16	花	huā	名	flower	红色的花
17	鸟	niǎo	名	bird	一只小鸟
18	空气	kōngqì	名	air	空气很好
19	特别	tèbié	副	specially; particularly	特别漂亮
20	新鲜	xīnxiān	形	fresh	新鲜的空气
21	环境	huánjìng	名	environment	环境很好
22	不但	búdàn	连	not only	
23	呼吸	hūxī	动	to breathe	呼吸新鲜空气
24	而且	érqiě	连	but also	
25	打算	dǎsuàn	动 / 名	to plan; plan	打算去爬山；我的打算
26	放松	fàngsōng	动	to relax	
27	心情	xīnqíng	名	mood	放松心情
28	一块儿	yíkuàir	副	together	一块儿去旅行

kèwén

课文 Text

Tāmen bān de yí cì lǚxíng

（二）他们班的一次旅行

Zhège xīngqīliù, lǎoshī dài wǒmen bān de tóngxuémen yìqǐ qù
这个星期六，老师带我们班的同学们一起去

lǚxíng le, yí lù shàng tóngxuémen yǒushuōyǒuxiào, kě gāoxìng le!
旅行了，一路上同学们有说有笑，可高兴了！

Shān shang de shù lǜlǜ de, shù xià yǒu hónghóng de xiǎo huā, shù shang de
山上的树绿绿的，树下有红红的小花，树上的

xiǎo niǎo zài chàng gē, kōngqì tèbié xīnxiān, huánjìng zhēn hǎo!
小鸟在唱歌，空气特别新鲜，环境真好！

Pá shān zhēn shì hěn hǎo de yùndòng, búdàn kěyǐ hūxī xīnxiān
爬山真是很好的运动，不但可以呼吸新鲜

de kōngqì, kàndào měilì de fēngjǐng, érqiě kěyǐ duànliàn shēntǐ,
的空气，看到美丽的风景，而且可以锻炼身体，

fàngsōng xīnqíng. Wǒ hé jǐ ge péngyou dǎsuàn yǐhòu měi ge zhōumò dōu yíkuàir
放松心情。我和几个朋友打算以后每个周末都一块儿

qù nàlǐ pá shān.
去那里爬山。

zhùshì

注释 Notes

1. 有说有笑 (to laugh and talk; to talk and joke)

（1）一路上同学们有说有笑，可高兴了！

（2）和朋友在一起有说有笑，非常高兴。

2. 可 +adj.+ 了

（1）一路上同学们有说有笑，可高兴了！

（2）他的汉语可好了！

3. 一起 +v.、一块儿 +v.

（1）我们常常一起聊天儿。

（2）我们一块儿去北京吧。

“一起”和“一块儿”的意思相近，但是“一块儿”常常用在口语中，“一起”可以用在口语和书面语中。

“一起” and “一块儿” have similar meanings. “一块儿” is usually used in spoken language, while “一起” can be used in both speaking language and written language.

kèwén lǐjiě
课文理解 Text Comprehension

一、根据课文(一)回答问题 Answer the Following Questions According to Text(一)

1. 老师带同学们去哪儿玩儿?
2. 那座山离学校远吗?
3. 他们什么时候去?
4. 他们怎么去?
5. 他们几点集合?

二、根据课文(二)回答问题 Answer the Following Questions According to Text(二)

1. 山上有什么? 山上的环境怎么样?
2. 同学们觉得爬山怎么样?
3. 同学们以后还去那儿爬山吗?

三、根据课文(一)完成对话 Complete the Dialogue According to Text(一)

A: 同学们,我们周末一起去玩玩儿,好吗?

B: 太好了! ________________________,太没意思了。咱们去哪儿呀?

A: ________________________,怎么样?

B: 好啊,早就________________________。咱们星期六去__________星期日去?

A: 星期六__________星期天__________。

B: 那咱们就________________________,咱们__________去吧。

A: ________________________。

四、根据课文(二)完成对话 Complete the Dialogue According to Text(二)

A: 星期六,你去哪儿玩儿了?

B: 老师________________________。

A：那座山怎么样？

B：____________________，____________________，____________________，____________________。

A：环境太好了！咱们以后每个周末__________去那里爬山吧！

B：好啊！爬山真是很好的运动，不但_________________，而且________________，____________________。

语法 Grammar
yǔfǎ

一、"还是"和"或者"

1. 你吃米饭还是吃面条？
2. 你喝咖啡还是茶？
3. 你喜欢踢足球还是打篮球？
4. A：你上午去银行还是下午去银行？
   B：上午去或者下午去都可以。
5. 晚上我常常在宿舍听音乐或者看电视。
6. 晚上我常常复习课文或者预习生词。

错句　Wrong Sentences

*1. 晚上我常常复习课文还是预习生词。

*2. 我们星期六或者星期日去？

总结　Summary

"还是"用于选择疑问句；"或者"用于陈述句。

"还是" is used in alternative questions, while "或者" is used in declarative sentences.

二、不但……而且……　not only..., but also...

S	+	不但……，	而且……。

1. 他　不但学习英语，　而且学习汉语。
2. 我　不但爱好踢足球，　而且爱好打篮球。

不但 S1 ……， 而且 S2……。

1. 不但我学习汉语， 而且我弟弟也学习汉语。
2. 不但爸爸喜欢唱歌， 而且我妈妈也喜欢唱歌。

错句 Wrong Sentences

*1. 爸爸不但喜欢唱歌，妈妈而且也喜欢唱歌。

*2. 不但我爱好踢足球，而且爱好打篮球。

综合练习 Comprehensive Exercises
zōnghé liànxí

一、朗读练习 Read Aloud

1.老师带我们去旅行。
老师带我们班的同学一起去旅行。
我和几个朋友打算一块儿去爬山。

2.咱们什么时候去？
咱们星期六去还是星期日去？
星期六或者星期日都可以。

3. 爬山可以呼吸新鲜空气，看到美丽的风景。
爬山可以锻炼身体，放松心情。
爬山不但可以呼吸新鲜空气，看到美丽的风景，而且可以锻炼身体，放松心情。

二、选词填空 Choose the Proper Words to Fill in the Blanks

还是	或者	不但	而且	听说	意思	带	特别	一块儿

1. 我 ________ 玛丽的爸爸是一个出租车司机（sījī，driver）。
2. 他 ________ 会说汉语，________ 会说英语。
3. 别哭（kū，cry）了，咱们 ________ 去唱唱歌吧。
4. 你喝咖啡 ________ 喝茶？
5. 周末一直在宿舍学习，太没 ______ 了，咱们去爬爬山吧。

6. 我们学校附近有一座山，风景 ________ 好。

7. 上个周末，老师 ______ 我们一起去北京了。

三、语法练习　Grammar Exercises

（一）替换　Substitution Drills

1. A：你吃苹果还是吃西瓜？

   B：苹果或者西瓜都可以。

喝咖啡	喝茶
吃米饭	吃面条
吃水果	吃菜

2. A：你喜欢跑步还是喜欢游泳？

   B：我喜欢游泳。

唱歌	跳舞
爬山	踢足球
红色	绿色

3. 不但我学习汉语，而且我弟弟也学习汉语。

爱好唱歌
喜欢打篮球
在中国生活

4. 玛丽不但学习汉语，而且学习英语。

来看我	给我带了礼物
喜欢汉语	喜欢中国
是我的老师	是我的朋友

（二）组句　Construct Sentences

1. 星期六　　咱们　　集合　　早上八点　　在学校

____

2. 我打算　　儿子　　带　　去附近　　玩玩儿

____

3. 还是　　你　　中国人　　是　　美国人

____

4. 不但　　而且　　山上　　风景好　　空气新鲜

____

5. 不但　　而且　　我会说英语　　我妹妹　　也会说英语

____

（三）判断句子对错，错误的请改正　Judge the Sentences True or False and Correct the Incorrect Sentences

1. 你喜欢茶或者咖啡？　（　）
2. 你是美国人还是英国人？　（　）
3. 星期六还是星期日都可以。　（　）
4. 不但我爸爸是司机，而且我妈妈也是司机。　（　）
5. 哥哥不但学习英语，弟弟而且学习英语。　（　）
6. 不但我爱好踢足球，而且爱好打篮球。　（　）

（四）课堂活动　Activities

1. 用“不但……而且……”把下面的句子变成一个新句子。（注意“不但”的位置）

Rewrite the following sentences by using“不但……而且……”.(Pay attention to the position of“不但”)

我常常跑步。	我常常游泳。
姐姐很漂亮。	妹妹很漂亮。
我喜欢中国菜。	我喜欢中国人。
爬山可以呼吸新鲜空气。	爬山可以放松心情。
爬山可以看到美丽风景。	爬山可以锻炼身体。

例如：句子 1：我不但常常跑步，而且常常游泳。

句子 2：______________________________

句子 3：______________________________

句子 4：______________________________

句子 5：______________________________

2. 根据回答用“还是”提问。Ask question by using“还是”according to the answers.

例如：句子 1：我们坐火车去北京还是坐飞机去北京？
回答：　坐火车或者坐飞机都可以 。

句子 2：________________________________
回答：　坐出租车去爬山或者坐公共汽车去爬山都可以。

句子 3：________________________________
回答：　我们星期六去游泳或者星期日去游泳都可以。

句子 4：________________________________
回答：　我晚上复习课文。

句子 5：________________________________
回答：　我下午跑步。

句子 6：________________________________
回答：　看电影或者看电视我都喜欢。

四、句子匹配　Match the Sentences

A. 看中国电影还是看美国电影？

B. 不远，就在我们教学楼的后面。

C. 现在才 8:05，还很早呢。

D. 星期六或者星期日都可以。

E. 好多了，谢谢你们来看我。

F. 她去中国朋友家。

例如：明天安娜去北京。　[F]

1. 你怎么还不起床？　[ ]
2. 咱们一起去看个电影怎么样？　[ ]
3. 23 号楼离这儿远不远？　[ ]
4. 玛丽，你的病好点儿了吗？　[ ]
5. 我们什么时候去爬山？　[ ]

五、阅读理解　Reading Comprehension

1. 玛丽每天上午八点上班。今天下雨了，天气不好，她用了四十分钟，八点十分才到公司。

★玛丽怎么了？（　　）

A. 生病了　　　　B. 没上班　　　　C. 迟到了

2. 大卫下周就要回国了。今天下午他去买东西，给妈妈买了一块手表，给爸爸买了茶叶，给姐姐买了一件衣服。

★大卫给谁买了衣服？（　　）

A. 爸爸　　　　B. 妈妈　　　　C. 姐姐

六、写作　Writting

写一段短文，讲讲你自己或者你们班的一次旅行，使用下列词语：不但……而且……、风景、环境、空气。

Write a short essay about a trip of yours or your class. Please use the following words: 不但……而且……，风景，环境，空气 .

____

____

____

____

____

____

七、汉字书写　Write the Chinese Characters

看下面的汉字部件，两两组合后注音，并抄写。

Look at the following Chinese character components and combine them in pairs to form characters. Write down the pinyin of the characters and copy the characters.

土	心	爪	田	日	亻	巴	旦
亲	成	斤	京	鱼	羊	及	口

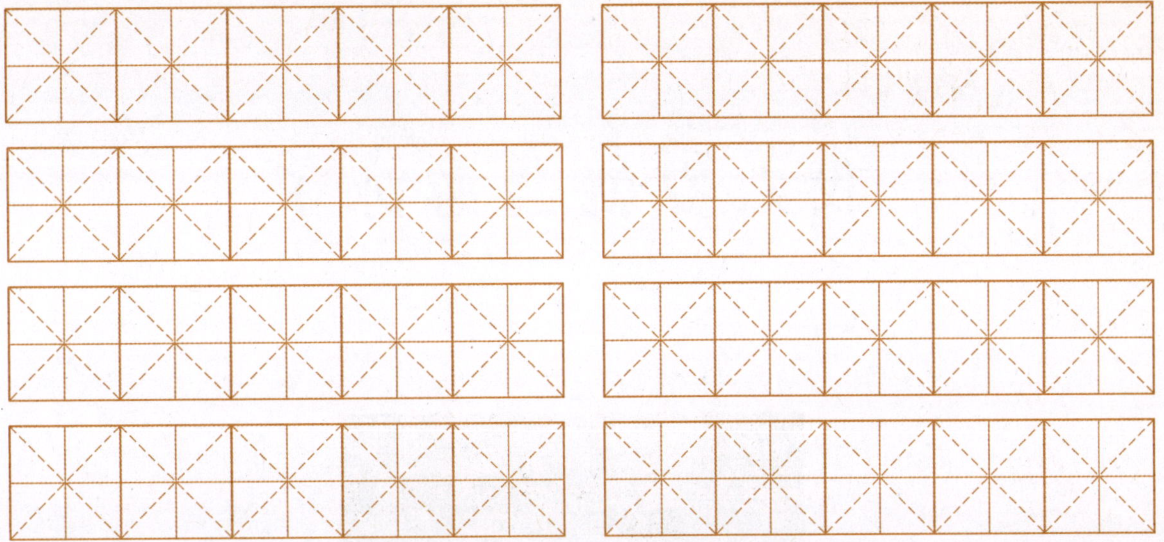

dì sì kè

第四课

Wǒ liù suì jiù huì yóuyǒng le

我六岁就会游泳了

shēngcí

生词 New Words

1	最近	zuìjìn	名	recently	他最近很好
2	好像	hǎoxiàng	副	as if; to look like	你好像高了
3	瘦	shòu	形	thin	他很瘦
4	减肥	jiǎnféi	动	to reduce weight	我要减肥
5	胖	pàng	形	fat	他很胖
6	会	huì	动	can; to be able to	你会说英语吗
7	难	nán	形	hard	汉语难吗

8	练习	liànxí	动 / 名	to practice	课文练习
9	能	néng	动	can	我能喝五瓶啤酒
10	问题	wèntí	名	problem	这是个大问题

kèwén

课 文 Text

Wǒ liù suì jiù huì yóuyǒng le

(一)我六岁就会游泳了

Màikè gēn Lǐ Dōng tán zìjǐ xǐhuan de yùndòng

(麦克跟李东谈自己喜欢的运动)

Màikè: Lǐ Dōng, nǐ zuìjìn hǎoxiàng shòule?

麦克：李东，你最近好像瘦了？

Lǐ Dōng: Shì shòule yìdiǎnr, wǒ jiǎnféi ne.

李东：是瘦了一点儿，我减肥呢。

Màikè: Shì ma? Wǒ lái Zhōngguó hòu pàngle bù shǎo, yě xiǎng jiǎnféi, nǐ yòng shénme fāngfǎ jiǎnféi ya?

麦克：是吗？我来中国后胖了不少，也想减肥，你用什么方法减肥呀？

Lǐ Dōng: Wǒ zuìjìn měi tiān dōu qù yóuyǒng, nǐ yě gēn wǒ yìqǐ qù ba.

李东：我最近每天都去游泳，你也跟我一起去吧。

Màikè: Bù hǎo yìsi, wǒ hái bú huì yóuyǒng ne. Xué yóuyǒng nán bù nán?

麦克：不好意思，我还不会游泳呢。学游泳难不难？

Lǐ Dōng: Bú tài nán, wǒ liù suì jiù huì yóuyǒng le. Búguò yídìng yào duō liànxí, cái néng xué huì.

李东：不太难，我六岁就会游泳了。不过一定要多练习，才能学会。

Màikè: Nǐ néng jiāo wǒ yóuyǒng ma?

麦克：你能教我游泳吗？

Lǐ Dōng: Hǎo de, méi wèntí.

李东：好的，没问题。

生词 New Words

shēngcí

11	平时	píngshí	名	at ordinary times	我平时在食堂吃饭
12	骑	qí	动	to ride	骑马
13	自行车	zìxíngchē	名	bike; bicycle	骑自行车
14	辆	liàng	量	（a classifier for vehicle, car, rolling stock, tram）	一辆自行车
15	邻居	línjū	名	neighbor	他是我的邻居
16	叔叔	shūshu	名	uncle	我的叔叔
17	参加	cānjiā	动	to participate	参加考试
18	过	guò	助	（an auxiliary word used after a verb to indicate a past action or state）	去过北京；吃过烤鸭
19	组织	zǔzhī	动 / 名	to organize; organization	组织活动
20	比赛	bǐsài	动 / 名	to match; match	足球比赛
21	得	dé	动	to get	得病
22	第一	dì yī	数	first	第一次
23	经常	jīngcháng	副	often	经常去那儿
24	街道	jiēdào	名	street	走在街道上
25	堵车	dǔ chē	动	to block the traffic	上午堵车了

26	污染	wūrǎn	动	to pollute	没有污染
27	天气	tiānqì	名	weather	天气不错

kèwén

课　文　Text

Wǒ de àihào shì qí zìxíngchē

（二）我的爱好是骑自行车

Wǒ píngshí zuì xǐhuan de yùndòng jiùshì qí zìxíngchē. Wǒ xiǎo de shíhou, línjū jiā yǒu yí ge shūshu, tā xǐhuan qí zìxíngchē. Wǒ juéde hěn hǎo, bàba yě gěi wǒ mǎile yí liàng zìxíngchē, hěn xiǎo wǒ jiù gēn tā xuéhuì qí zìxíngchē le. Shàng zhōngxué de shíhou, wǒ cānjiāguò xuéxiào zǔzhī de zìxíngchē bǐsài, hái déle dì yī míng ne.

我平时最喜欢的运动就是骑自行车。我小的时候，邻居家有一个叔叔，他喜欢骑自行车。我觉得很好，爸爸也给我买了一辆自行车，很小我就跟他学会骑自行车了。上中学的时候，我参加过学校组织的自行车比赛，还得了第一名呢。

Lái Zhōngguó yǐhòu, wǒ yě mǎile yí liàng zìxíngchē, jīngcháng qí chē chūqù wánr. Zǒu zài jiēdào shang, búdàn bú huì dǔ chē, hái néng duànliàn shēntǐ, yě bù wūrǎn huánjìng. Búguò tiānqì bù hǎo de shíhou, wǒ jiù bù néng qí chē chūqù le.

来中国以后，我也买了一辆自行车，经常骑车出去玩儿。走在街道上，不但不会堵车，还能锻炼身体，也不污染环境。不过天气不好的时候，我就不能骑车出去了。

zhùshì

注　释　Notes

1. 好像(seem;as if)

（1）他好像生病了。

（2）你好像不喜欢吃饺子。

2. 是瘦了点儿(really a little bit thinner)

（1）他最近是瘦了点儿。

（2）她是瘦了点儿，最近太忙了。

3. 不好意思(be ashamed;be embarrassed)

（1）不好意思，我不会游泳。

（2）真不好意思，我迟到了。

kèwén lǐjiě 课文理解 Text Comprehension

一、根据课文(一)回答问题 Answer the Following Questions According to Text(一)

1. 李东最近怎么了？
2. 李东为什么瘦了？
3. 李东是怎么减肥的？
4. 李东觉得学游泳难不难？

二、根据课文(二)回答问题 Answer the Following Questions According to Text(二)

1.“我”最喜欢的运动是什么？
2. 小时候“我”跟谁学骑自行车？
3.“我”参加过自行车比赛吗？
4. 常骑自行车好吗？

三、根据课文(一)填空 Fill in the Blanks According to Text(一)

李东最近______瘦了，他现在______呢。麦克来中国后____了不少，他也想______，不知道用什么______。李东最近每天都去______，他对麦克说：“你也跟我______去吧。”麦克很不好______，他不会______。李东说，学______不太难，不过______要多______，他可以______麦克。

四、根据课文(二)完成对话 Complete the Dialogue According to Text(二)

李东：麦克，你________什么运动？

麦克：我平时最喜欢的运动就是________。

李东：你为什么喜欢________？

麦克：________有一个叔叔，他喜欢骑自行车，我____很好，爸爸也给我____________，我就跟他____骑自行车了。

李东：你参加过__________吗？

麦克：______的时候，我参加过学校组织的自行车______，还_____了第一名。

李东：在中国你也常常骑自行车吗？

麦克：对，______骑车出去玩儿。骑车____堵车，还可以______，也不会______。

语法 Grammar

yǔfǎ

一、能愿动词"会" Modal Verb "会"

会 + 动词 + ……

不会 + 动词 + ……

1. 我会打篮球，我弟弟不会打篮球。
2. 我妈妈会唱歌。
3. 哥哥不会唱歌，会跳舞。
4. 我会跳舞，我妹妹不会跳舞。
5. 老师会说汉语，不会说法语。

会不会 + 动词 + ……？

1. 你会不会说英语？
2. 你会不会唱中文歌？

二、能愿动词"能" Modal Verb "能"

能 + 动词 + ……

不能 + 动词 + ……

1. 我能吃完这些面包。

2. 他能跟你一起去北京吗?

3. 我喝酒(jiǔ,wine)了不能开车。

4. 我有很多作业,今天不能去玩儿。

能不能 + 动词 + ……?

1. 下午你能不能跟我一起去商店?

2. 明天你能不能来?

错句 Wrong Sentences

*1. 你会唱不唱歌?

*2. 今天我很忙,不会出去玩儿。

*3. 麦克病了,不会来上课。

总结 Summary

"会/不会"后面常常是技能,表示有能力或者没能力做什么事情。"能/不能"常常表示有或者没有条件做什么事情。"不能"还可以表示禁止。

"会/不会"is usually followed by skills, which indicates having or not having ability to do something. "能/不能" usually indicates having or not having the condition to do something. "不能"can also be used to express prohibition.

zōnghé liànxí
综合练习 Comprehensive Exercises

一、朗读练习 Read Aloud

1. 瘦、肉

   他喜欢吃肉,但是他很瘦。

   这只鸡很瘦,没有肉。

2. 好像、很想

   最近他好像胖了。

   我很想爸爸妈妈。

3. 锻炼、污染

今天空气不好，有污染，我不锻炼。

骑自行车可以锻炼身体，又不污染环境。

二、选词填空 Choose the Proper Words to Fill in the Blanks

练习	问题	平时	参加	组织

1.________你在宿舍里干什么呢？

2. 请问你有什么______？

3. 下个月老师______我们去北京旅游。

4. 明天晚上是我的生日晚会，你来______，好吗？

5. 这本书有很多______，我很喜欢。

邻居	比赛	锻炼	污染	好像

6. 你每天早晨都去______身体吗？

7. 这里没有______，空气特别好。

8. 他是我的______，我们经常一起玩儿。

9. 我想参加明年的自行车______。

10. 他最近______很忙，每天都有很多事。

三、语法练习 Grammar Exercises

（一）组句 Construct Sentences

1. 骑自行车　我　是　运动　最喜欢的

____

2. 参加　没　过　我　足球比赛

____

3. 每天　最近　都　去游泳　他

____

4. 他常常　跟朋友　出去　骑车　玩儿

____

5. 能　你　教我　吗　踢足球

____

(二)把括号里的词语放在适当位置　Put the Words in the Brackets at the Proper Positions

1. 他 A 开车 B，但是他 C 没有车。（会）
2. 你说 A 吧，我 B 做多少就 C 做多少。（能）
3. 他 A 说他 B 不 C 打篮球。（会）
4. 你需要 A 常常 B 练习，才 C 学会。（能）
5. 以前他 A 没有 B 来 C 北京。（过）
6. 我 A 五岁 B 会 C 骑自行车了。（就）

(三)用括号里的词语完成对话　Complete the Dialogues with the Words in the Brackets

1. A：今天你去北京吗？

   B：________________________。（能）

2. A：你能教我法语吗？

   B：________________________。（不会）

3. A：__________________________？（能不能）

   B：好的，下午我跟你一起去。

4. A：麦克今天没有来吗？

   B：他身体不好，____________________。（好像）

5. A：你最近是不是胖了？

   B：是。______________________。（adj.+ 点儿）

6. A：你能告诉我他的名字吗？

   B：____________________________。（不好意思）

(四)课堂活动　Activities

请用下面的词语问你的同学问题，并写下来。

Ask your classmates the following questions and write them down.

1. 你会……吗？

____

2. 你会不会……？

____

3. 你能……？

____

4. 你能不能……？

____

四、句子匹配 Match the Sentences

A. 我不会游泳。

B. 他不能开车，他喝酒了。

C. 是的，她最近胖了。

D. 对不起，我不会写汉字。

E. 对，我们别开车了。

F. 她去中国朋友家。

例如：明天安娜去北京。 [F]

1. 请写你的汉语名字。 □

2. 今天天气不好，可能会堵车。 □

3. 他可以开车跟我们一起去。 □

4. 我最近没见她来锻炼。 □

5. 我们去游泳吧？ □

五、阅读理解 Reading Comprehension

1. 今天麦克去学游泳了，学习了两个多小时，因为学习游泳，他最近瘦了很多。

★麦克怎么了？（　　）

A. 病了　　B. 在学习游泳　　C. 他最近胖了

2. 玛丽常常骑自行车上班，今天她没有骑车，昨天她骑车去锻炼了，觉得有点儿累，想坐车休息一下儿。

★玛丽为什么没有骑车？（　　）

A. 感冒了　　B. 想休息　　C. 不喜欢骑车

六、汉字书写 Write the Chinese Characters

看下面的汉字部件，两两组合后注音，并抄写。

Look at the following Chinese character components and combine them in pairs to form characters. Write down the pinyin of the characters and copy the characters.

辶 口 冫 巴 氵 曰 亻 两 者 疒 马 令 不 又 是

力 奇 隹 土 月 阝 车 页 咸 王 象 斤 叟 亏 取

dì wǔ kè

第五课

Lán de hǎokàn háishì huáng de hǎokàn

蓝的好看还是黄的好看

shēngcí

生 词 New Words

1	结婚	jiéhūn	动	to marry	跟他结婚
2	婚礼	hūnlǐ	名	wedding	参加婚礼
3	条	tiáo	量	(a classifier for river, fish, leg, skirt,etc.)	一条鱼
4	裙子	qúnzi	名	skirt	一条红色的裙子
5	双	shuāng	量	(a classifier for shoes, hands, feet,etc.)	一双手
6	黑	hēi	形	black	一条黑色的裙子
7	皮鞋	píxié	名	leather shoes	一双黑皮鞋

8	穿	chuān	动	to wear	穿皮鞋；穿裙子；穿衣服
9	蓝	lán	形	blue	蓝裙子
10	黄	huáng	形	yellow	黄皮鞋
11	颜色	yánsè	名	color	什么颜色；蓝颜色
12	帮	bāng	动	to help	
13	选	xuǎn	动	to choose; to select; to pick	选一条裙子
14	更	gèng	副	more; even more	更好；更新鲜
15	适合	shìhé	动	to suit	很适合你

kèwén 课文 Text

（一）蓝的好看还是黄的好看
Lán de hǎokàn háishì huáng de hǎokàn

Mǎlì: Lìli, wǒ de yí ge Zhōngguó péngyou zhōumò jiéhūn, tā qǐng wǒ cānjiā hūnlǐ, wǒ dǎsuàn míngtiān qù mǎi yì tiáo qúnzi, nǐ hé wǒ yìqǐ qù ba, hǎo ma?

玛丽：莉莉，我的一个中国朋友周末结婚，她请我参加婚礼，我打算明天去买一条裙子，你和我一起去吧，好吗？

Lìli: Hǎo a, wǒ yě yào mǎi yì shuāng hēi píxié.

莉莉：好啊，我也要买一双黑皮鞋。

dàole shāngchǎng

（到了商场）

Lìli: Zhè tiáo qúnzi búcuò.

莉莉：这条裙子不错。

Mǎlì: Nǐ shuō wǒ chuān lán de hǎokàn, háishì chuān huáng de hǎokàn?

玛丽：你说我穿蓝的好看，还是穿黄的好看？

Lìli: Liǎng ge yánsè dōu búcuò.

莉莉：两个颜色都不错。

Mǎlì: Nǐ bāng wǒ xuǎnxuan ba.

玛丽：你帮我选选吧。

Lìli: Huáng de ba, huángsè gèng shìhé nǐ.

莉莉：黄的吧，黄色更适合你。

Mǎlì: Tīng nǐ de, jiù mǎi huáng de ba.

玛丽：听你的，就买黄的吧。

生词 New Words
shēngcí

16	宾馆	bīnguǎn	名	hotel	一家宾馆
17	举行	jǔxíng	动	to hold	举行婚礼
18	国家	guójiā	名	country	我们国家
19	新娘	xīnniáng	名	bride	漂亮的新娘
20	只	zhǐ	副	only	只穿白色的裙子
21	开始	kāishǐ	动	to begin	开始的时候
22	但是	dànshì	连	but	
23	客人	kèrén	名	guest	一位客人
24	换	huàn	动	to change	换衣服
25	传统	chuántǒng	名	tradition	传统的裙子

课文 Text
kèwén

(二)中国的婚礼很特别
Zhōngguó de hūnlǐ hěn tèbié

(玛丽参加婚礼后与莉莉聊天)
Mǎlì cānjiā hūnlǐ hòu yǔ Lìli liáotiān

Lìli: Mǎlì, nǐ péngyou de hūnlǐ zěnmeyàng?
莉 莉：玛 丽 ，你 朋 友 的 婚 礼 怎 么 样 ？

Mǎlì: Wǒ juéde hěn tèbié, hūnlǐ zài yí ge yǒumíng de bīnguǎn jǔxíng, rén hěn duō.
玛 丽：我 觉 得 很 特 别 ，婚 礼 在 一 个 有 名 的 宾 馆 举 行 ，人 很 多 。

Lìli: Yǒu shénme tèbié de?
莉 莉：有 什 么 特 别 的 ？

Mǎlì: Wǒmen guójiā de xīnniáng zhǐ chuān báisè de qúnzi, Zhōngguó de xīnniáng zài hūnlǐ kāishǐ shí, xiān chuān báisè de, dànshì hé kèrén chī fàn shí, jiù huì huàn shang Zhōngguó chuántǒng de hóngsè qúnzi, fēicháng piàoliang.
玛 丽：我 们 国 家 的 新 娘 只 穿 白 色 的 裙 子 ，中 国 的 新 娘 在 婚 礼 开 始 时 ，先 穿 白 色 的 ，但 是 和 客 人 吃 饭 时 ，就 会 换 上 中 国 传 统 的 红 色 裙 子 ，非 常 漂 亮 。

Lìli: Nà zhēn de hěn tèbié.
莉 莉：那 真 的 很 特 别 。

zhùshì
注 释 Notes

更 （more）

（1）麦克 99 分。玛丽 95 分。

麦克学习更好。

（2）黑色的裙子 200 元。黄色的裙子 230 元。

黄色的裙子更贵。

kèwén lǐjiě
课文理解 Text Comprehension

一、根据课文(一)回答问题 Answer the Following Questions According to Text(一)

1. 玛丽为什么要买裙子？
2. 莉莉要买什么？
3. 莉莉觉得黄的适合玛丽还是蓝的适合玛丽？

4. 玛丽买了什么颜色的裙子？

二、根据课文(二)回答问题　Answer the Following Questions According to Text(二)

1. 婚礼在哪儿举行？
2. 玛丽觉得中国的婚礼怎么样？为什么？
3. 玛丽国家的新娘穿什么颜色的裙子？
4. 中国的新娘只穿白色的裙子吗？

三、根据课文(一)完成对话　Complete the Dialogue According to Text(一)

玛丽：莉莉，我的一个中国______________，她请我______________，我打算____________，你和我_________去吧，好吗？

莉莉：好啊，我也要买_________________。

（到了商场）

玛丽：这条裙子怎么样？

莉莉：__________________。

玛丽：我穿_________好看，还是穿_________好看？

莉莉：_________________。

玛丽：哪个颜色更_________我？

莉莉：黄的吧，黄色更适合你。

玛丽：_________，就买_________吧。

四、根据课文(二)填空　Fill in the Blanks According to Text(二)

玛丽周末去_________中国朋友的婚礼，婚礼在一个有名的____________，中国的新娘在婚礼____________时，先穿____________，____________和客人吃饭时，就会换上____________，非常漂亮。她觉得中国的婚礼很_________。

yǔfǎ
语 法 Grammar

"的"字词组 "的"–phrase

n./ pro./adj./v.+"的"

"的"字词组的作用相当于名词，可以充当名词能充当的句子成分。

"的"-phrases have the same function with nouns. They can be used as sentence elements like nouns.

例如：

1. A：蓝色的裙子好看，还是黄色的裙子好看？

   B：蓝色的好看。

   蓝色的 = 蓝色的裙子

2. A：这是谁的书？

   B：这是我爸爸的。

   我爸爸的 = 我爸爸的书

3. 书包是他的。

   他的 = 他的书包

4. A：这些鞋是谁的？

   B：新的是朋友的，旧的是我的。

   朋友的 = 朋友的鞋　我的 = 我的鞋

zōnghé liànxí
综合练习 Comprehensive Exercises

一、朗读练习 Read Aloud

(一)朗读词组 Read the Phrases Aloud

我的	他的	老师的	爸爸的	姐姐的	留学生的
红的	白的	黑的	蓝的	黄的	新的
谁的书	谁的婚礼	谁的裙子	谁的皮鞋	谁的自行车	

一双黑色的皮鞋　　一条黄色的裙子　　穿蓝颜色的裙子　　帮我选衣服

（二）朗读句子　Read the Sentences Aloud

1. 蓝的好看还是黄的好看？

   我穿蓝的好看，还是穿黄的好看？

   你说我穿蓝的好看，还是黄的好看？

2. 在宾馆举行婚礼。

   在有名的宾馆举行婚礼。

   婚礼在一个有名的宾馆举行。

3. 中国的新娘在婚礼开始时先穿白色的裙子。

   中国的新娘和客人吃饭时，会换上中国传统的红色裙子。

   中国的新娘在婚礼开始时，先穿白色的裙子，但是和客人吃饭时，就会换上中国传统的红色裙子。

二、选词填空　Choose the Proper Words to Fill in the Blanks

参加　举行　颜色　更　帮　适合　开始　但是

1. 我打算买一件新衣服 ________ 中国朋友的婚礼。
2. 黑色的裙子 200 元，黄色的 230 元，黄色的 ______ 贵。
3. 我很喜欢这双鞋，________ 太贵了。
4. 我最喜欢的 ______ 是蓝色，但是红色最 ______ 我。
5. 你能 _______ 我买一本书吗？
6. 我们八点一刻 ______ 上课。
7. 婚礼在一个有名的宾馆 ________。

三、语法练习　Grammar Exercises

（一）选词填空　Choose the Proper Words to Fill in the Blanks

个　件　条　双　座　张　斤　口　场　辆　家　位

1. 三 ______ 苹果　　2. 两 ______ 自行车

3. 一 ______ 裙子　　4. 一 ______ 医院

5. 五 ______ 小时　　6. 这 ______ 电影

7. 一 ______ 皮鞋　　8. 九 ______ 人

9. 一 ______ 火车票　　10. 一 ______ 山

11. 四 ______ 衣服　　12. 一 ______ 老师

（二）组句　Construct Sentences

1. 红色　我觉得　玛丽　更适合

____

2. 明天　我打算　买　去商店　一双皮鞋

____

3. 还是　黄色的手表　蓝色的好看　好看

____

4. 我们国家　新娘　的　只穿　白色的裙子

____

5. 开始　先学习　生词　上课时　我们

____

（三）课堂活动　Activities

1. 删除下面句子中不必要的部分。Erase the unnecessary parts from the sentences.

（1）A：这些裙子是谁的？

B：新的裙子是我的，旧的裙子是她的。

（2）我有两本书，你要哪本？贵的书还是便宜的书？

（3）爸爸买了三个苹果，弟弟的苹果是大的苹果，哥哥的苹果是小的苹果，我的苹果是不大不小的苹果。

（4）这双红色的皮鞋不好看，那双白色的皮鞋很漂亮。

（5）四班学生的汉语都很好，三班学生的汉语也都很好。

2. 看图说话（用上“的”字词组）。Talk about the pictures (by using “的”-phrases).

红色　200 元

绿色　500 元

例如：句子 1：红色的自行车便宜，绿色的贵。

左边　旧

右边　新

句子 2：____

白色的大楼

我家

红色的大楼

句子 3：____

中国的新娘　红色的裙子

英国的新娘　白色的裙子

句子 4:____

四、句子匹配　Match the Sentences

A. 你要几号的？

B. 白色的？那是我们的宿舍楼。

C. 从这儿往前走二三百米，马路左边就是。

D. 好的，我也很饿。

E. 很喜欢，以后请你们尝尝我做的菜。

F. 她去中国朋友家。

例如：明天安娜去北京。　[F]

1. 中国银行离这儿远吗？　[ ]
2. 你好，我买一张去上海的火车票。　[ ]
3. 那座白色的大楼真漂亮。　[ ]
4. 你喜欢做饭吗？　[ ]
5. 我们一起去食堂吃饭吧。　[ ]

五、阅读理解　Reading Comprehension

我和安娜是好朋友，今天我们一起举行婚礼。我的新郎（xīnláng，bridegroom）是中国人，她的是英国人；我的是医生，她的是老师。我的家人都来参加婚礼了，她的也都来了。婚礼上，我的裙子是中国传统的红色，她的是英国传统的白色，我们俩今天都是最漂亮的。你看那边，穿蓝衣服的是我哥哥，穿白衣服的是我弟弟。

★安娜的新郎是哪国人？（　　）

A. 中国人　　B. 英国人　　C. 法国人

★安娜的新郎是做什么的？（　　）

A. 老师　　B. 医生　　C. 大夫

★穿白衣服的人是谁？（　　）

A. 我哥哥　　B. 我的新郎　　C. 我弟弟

六、汉字书写　Write the Chinese Characters

看下面的汉字部件，两两组合后注音，并抄写。

Look at the following Chinese character components and combine them in pairs to form characters. Write down the pinyin of the characters and copy the characters.

又	女	衤	玉	台	宀	各	口
巾	君	又	页	圭	革	彦	邦

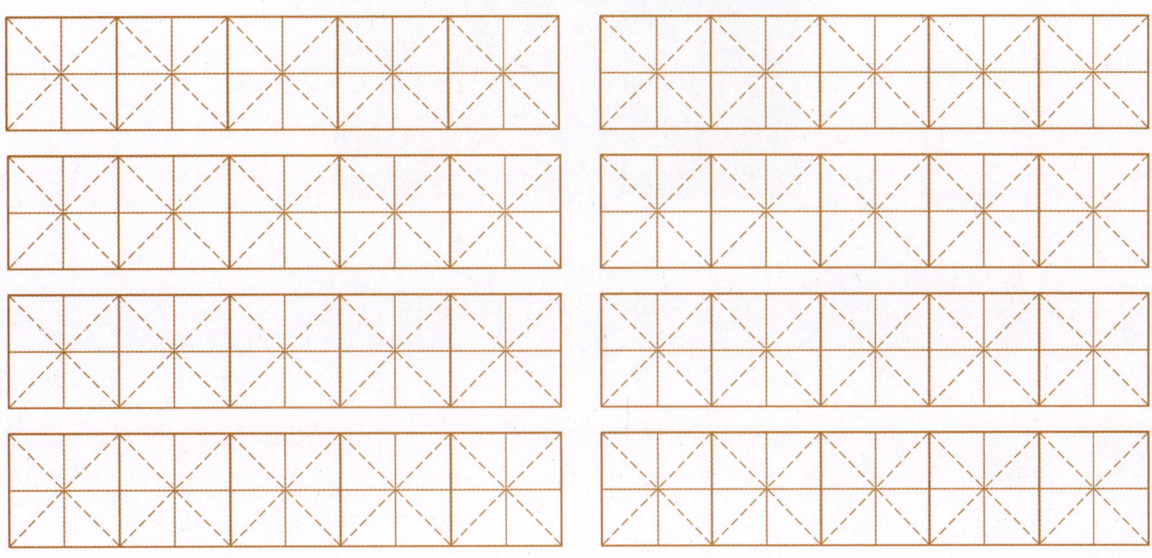

dì liù kè
第六课

Wǒ zài mǎi dōngxi ne
我在买东西呢

shēngcí
生 词 New Words

1	喂	wèi	叹	hello	
2	东西	dōngxi	名	thing	什么东西；买东西
3	盘子	pánzi	名	plate	一个盘子
4	碗	wǎn	名 / 量	bowl	一个碗；一碗米饭
5	椅子	yǐzi	名	chair	一把椅子
6	桌子	zhuōzi	名	table	一张桌子
7	那么	nàme	代	that; like that	
8	搬	bān	动	to move	搬家
9	干净	gānjìng	形	clean	非常干净

10	又	yòu	副	again	
11	打扫	dǎsǎo	动	to clean	打扫房间
12	正在	zhèngzài	副	in the process of; in the course of	正在打扫
13	地方	dìfang	名	place	什么地方;一个地方
14	办公室	bàngōngshì	名	office	办公室附近
15	打电话	dǎ diànhuà		to make a call	给我打电话

kèwén
课 文 Text

Wǒ zài mǎi dōngxi ne
(一)我在买东西呢

Màikè: Wèi, Mǎlì, nǐ xiànzài máng ma?
麦克:喂,玛丽,你现在忙吗?

Mǎlì: Wǒ zài mǎi dōngxi ne, wǒ yào mǎi hěn duō dōngxi, pánzi a, wǎn a, yǐzi a, zhuōzi a, dōu yào mǎi.
玛丽:我在买东西呢,我要买很多东西,盘子啊,碗啊,椅子啊,桌子啊,都要买。

Màikè: Mǎi nàme duō dōngxi a, nǐ shì bú shì bān jiā le?
麦克:买那么多东西啊,你是不是搬家了?

Mǎlì: Shì a.
玛丽:是啊。

Màikè: Wǒ xiǎng qù nǐ de xīn jiā kànkan, zěnmeyàng?
麦克:我想去你的新家看看,怎么样?

Mǎlì: Jīntiān kěnéng bù xíng, xīn fángjiān bú tài gānjìng, wǒ zuìjìn yòu tài máng le, hái méi dǎsǎo ne.
玛丽:今天可能不行,新房间不太干净,我最近又太忙了,还没打扫呢。

Màikè: Nà wǒ yíhuìr qù bāng nǐ dǎsǎo ba, wǒ xiànzài zhèngzài zuò zuòyè.
麦克:那我一会儿去帮你打扫吧,我现在正在做作业。

Mǎlì: Hǎo a, xièxie nǐ.
玛丽:好啊,谢谢你。

Màikè: Bié kèqi, nǐ de xīn jiā zài shénme dìfang?
麦克:别客气,你的新家在什么地方?

Mǎlì: Jiù zài wǒ de bàngōngshì fùjìn.
玛丽：就在我的办公室附近。

Màikè: Hǎo de, wǒ dàole gěi nǐ dǎ diànhuà ba.
麦克：好的，我到了给你打电话吧。

shēngcí
生词 New Words

16	健身房	jiànshēnfáng	名	gym	去健身房
17	原因	yuányīn	名	reason	
18	一样	yíyàng	形	same	跟……一样
19	认识	rènshi	动	to know; to recognize	认识新朋友
20	因为	yīnwèi	连	because	
21	所以	suǒyǐ	连	therefore	
22	已经	yǐjīng	副	already	
23	种	zhǒng	量	kind; type	一种习惯
24	总是	zǒngshì	副	always	
25	决定	juédìng	动／名	to decide; decision	决定好好锻炼身体；做决定

kèwén
课文 Text

Qù jiànshēnfáng de yuányīn
（二）去健身房的原因

Xiànzài hěn duō rén xǐhuan qù jiànshēnfáng yùndòng. Kěshì rénmen
现在很多人喜欢去健身房运动。可是人们

lái jiànshēnfáng de yuányīn bù yíyàng , yǒu de rén yào jiǎnféi , yǒu de
来健身房的原因不一样，有的人要减肥，有的

rén yào duànliàn shēntǐ , hái yǒu de rén xiǎng rènshi xīn péngyou . Yīnwèi
人要锻炼身体，还有的人想认识新朋友。因为

zhèxiē yuányīn , suǒyǐ xiànzài qù jiànshēnfáng yǐjīng shì hěn duō rén de
这些原因，所以现在去健身房已经是很多人的

yì zhǒng xíguàn le . Wǒ bú pàng , zhǐshì zuìjìn zǒngshì gǎnmào , suǒyǐ
一种习惯了。我不胖，只是最近总是感冒，所以

juédìng hǎohao qù jiànshēnfáng duànliàn shēntǐ .
决定好好去健身房锻炼身体。

kèwén lǐjiě
课文理解 Text Comprehension

一、根据课文(一)回答问题 Answer the Following Questions According to Text(一)

1. 玛丽正在干什么呢？
2. 玛丽要买什么？
3. 玛丽为什么买那么多东西？
4. 麦克在做什么？
5. 玛丽的新家在哪儿？

二、根据课文(二)回答问题 Answer the Following Questions According to Text(二)

1. 为什么现在很多人去健身房锻炼身体？
2. 我为什么去健身房运动？

三、根据课文(一)填空 Fill in the Blanks According to Text(一)

昨天我正在________________，麦克给我打电话，我告诉他我买了很多东西，因为我________________，新家就在____________。他说要来看看我，但是我觉得________________，________________，最近我太忙了，还没打扫新房间。麦克现在________________，他说一会儿来帮我打扫，他真是太好了。

四、根据课文(二)完成对话 Complete the Following Dialogue According to Text(二)

A:你在做什么呢?

B:我在________运动呢。

A:你不胖,为什么要去健身房运动呢?

B:因为________,所以________。

A:现在去健身房锻炼身体的人多吗?

B:很多,现在去健身房锻炼身体已经是很多人的一种________。

A:为什么呢?

B:人们来健身房的________不一样,有的人________,有的人________________,还有的人想用锻炼身体的机会________。

语 法 Grammar

yǔfǎ

一、动作的进行 The Progression of an Action

S	+	(在/正/正在)	+	v.	+	n.	+	(呢)

1. 他 正 做 作业 呢。
2. 我 在 买 东西 呢。

"(在/正/正在)+ v.+ n.+(呢)"表示动作的进行,可以有如下形式:

"(在/正/正在)+ v.+ n.+(呢)" can indicate that an action is in progress and has the following forms:

1. 麦克在做什么?
2. 麦克在做什么呢?
3. 麦克正做什么?
4. 麦克正做什么呢?
5. 麦克正在做什么?
6. 麦克正在做什么呢?
7. 麦克做什么呢?

疑问形式　Interrogative Form

S	+	（在 / 正 / 正在）	+	v.	+	什么（呢）

1. 麦克　正在　　　　　　做　　什么 呢？
2. 你　　在　　　　　　　看　　什么？

否定形式　Negative Form

S	+	没（有）	+	（在）	+	v.	+	n.

1. 我　　没有　　　　　　听　　音乐，我在做作业呢。
2. 他们　没　　　在　　　上　　课。

错句　Wrong Sentences

*1. 我在是留学生呢。

*2. 我正叫玛丽。

*3. 你有中文杂志呢吗？

*4. 你正在认识你的新同学呢吗？

总结　Summary

“是、在、有、叫、来、去、认识”等动词不能用在“（在 / 正 / 正在 ）+ v.+ n.+（呢）”格式中。

The verbs, such as“是，在，有，叫，来，去，认识”, cannot be used in the format of“(在 /正 /正在)+ v.+ n.+(呢)”.

二、因为……所以……　because ... so/therefore ...

原因 cause	结果 result
1. 他因为病了，	所以没来上课。

2. 因为她学习很努力，所以她的汉语很好。

总结　Summary

“因为……所以……”常常一起用，表因果关系。它们也可以单独使用。例如：

“因为……所以……”is usually used in combination to denote cause and effect.“因为” and “所以” can also be used separately. For example:

1. 因为下雨，下午我们不去公园了。

2. 他要去中国工作，所以学习汉语。

zōnghé liànxí 综合练习 Comprehensive Exercises

一、朗读练习 Read Aloud

（一）朗读词组 Read the Phrases Aloud

买两个盘子	买三个碗	买一把椅子	买一张桌子
在看书	在听音乐	在看电视	在跟朋友聊天
正在买东西	正在打电话	正在锻炼身体	正在打扫房间
新家很干净	房间很干净	桌子很干净	办公室很干净
因为……所以……	不但……而且……		

（二）朗读句子 Read the Sentences Aloud

1. 我在买东西呢。
   我正买东西呢。
   我正在买东西呢。
2. 房间不太干净。
   我最近太忙了，没有时间打扫房间。
   新房间不太干净，我最近又太忙了，还没打扫呢。
3. 有的人因为要减肥，所以他们去健身房锻炼身体。
   有的人因为想认识新朋友，所以他们去健身房运动。
   因为这些原因，所以现在去健身房已经是很多人的一种生活习惯了。

二、选词填空 Choose the Proper Words to Fill in the Blanks

因为　一样　不但　而且　种　所以　认识　决定　总是　那么

1. 玛丽 ________ 来中国留学。

2. ________ 她会说汉语，________ 他爸爸也会说汉语。

3. 你最喜欢吃哪 ________ 水果？

4. 麦克搬家了，你 ________ 他的新家吗？

5.______ 今天下雨，______ 我们没去爬山。

6. 我去健身房的原因和我姐姐不 ______。

7. 你为什么要买 ______ 多东西？

8. 晚上我 ______ 在宿舍听音乐或者看书。

三、语法练习 Grammar Exercises

（一）组句 Construct Sentences

1. 总是 我 在 看书 房间

____

2. 她 正在 买东西 呢 超市

____

3. 减肥 因为 我想 锻炼身体 所以

____

4. 妈妈 电话 打 在 没

____

5. 一会儿 我 打扫 帮你 房间

____

（二）看图，回答"她/他正在做什么？" Answer the Question"她/他正在做什么？"According to the Following Pictures

1.______________________

2.______________________

3.　　4.________________

5.________________　　6.________________

（三）课堂活动　Activities

1. 用"因为……所以……"把下面的句子变成一个新句子，完成后请读给大家听。

Link up the following sentences with"因为……所以……", and then read aloud to others.

中国菜很好吃。　　　　我喜欢中国菜。

昨天下雨。　　　　　　我们没去公园。

我最近很忙。　　　　　我没有时间打扫房间。

我想减肥。　　　　　　我去健身房运动。

我最近总是感冒。　　　所以我决定好好锻炼身体。

例如：句子 1：因为中国菜很好吃，所以我喜欢吃中国菜。

句子 2：________________________________

句子 3：________________________________

句子 4：________________________________

句子 5：________________________________

2. 用否定形式回答下列问题，完成后请读给大家听。

Answer the following questions with negative forms, and then read aloud to others.

例如：问题：麦克是不是正在写作业呢？

回答：麦克没有写作业，他在听音乐呢。

问题 1：妈妈是不是正在做饭呢？

回答：______________________________

问题 2：玛丽是不是在打电话呢？

回答：______________________________

问题 3：爸爸是不是在和朋友聊天呢？

回答：______________________________

四、句子匹配　Match the Sentences

A. 那我一会儿帮你打扫吧。

B. 外面在下雨呢。

C. 咱们去爬爬山吧。

D. 我在减肥呢。

E. 好，不但能锻炼身体，而且不污染环境。

F. 她去中国朋友家。

例如：明天安娜去北京。　[F]

1. 你们怎么没去公园？　[ ]
2. 新房间不太干净。　[ ]
3. 你最近好像瘦了。　[ ]
4. 咱们骑自行车去吧。　[ ]
5. 一直在城市里生活，太没意思了。　[ ]

五、阅读理解　Reading Comprehension

一直在家上网或者看电视，不但很没意思，而且也不健康。我喜欢和家人一起去附近爬爬山，或者去公园走走，因为这样不但可以呼吸新鲜的空气，看到美丽的风景，而且可以锻炼身体，放松心情。

★“我”觉得一直在家上网怎么样？（　　）

A. 有意思　　　　　B. 可以放松　　　　　C. 不健康

★"我"觉得下面哪个不好?(　　)

A. 爬山　　　　　B. 去公园　　　　　C. 看电视

六、汉字书写　Write the Chinese Characters

看下面的汉字部件,两两组合后注音,并抄写。

Look at the following Chinese character components and combine them in pairs to form characters. Write down the pinyin of the characters and copy the characters.

争	宛	扌	亻	大	虫	口	禾
木	建	羊	人	讠	般	冫	石

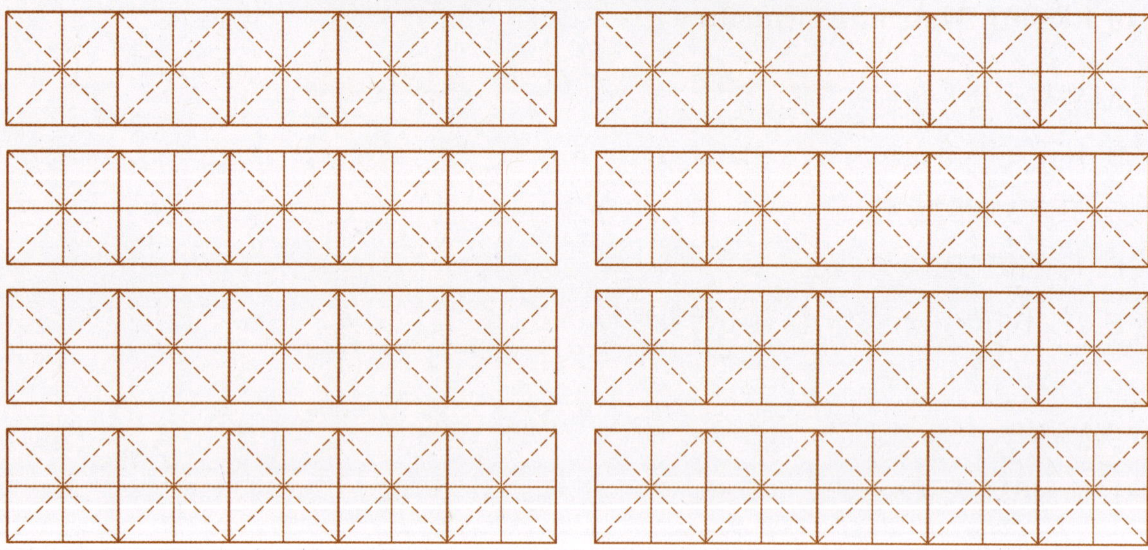

dì qī kè

第七课

Wǒ pàng le háishì shòu le

我胖了还是瘦了

shēngcí

生 词 New Words

1	包	bāo	名	bag	我的包;一个包
2	丢	diū	动	to lose	包丢了;丢钱了
3	慢	màn	形	slow	慢慢地;慢慢说
4	机场	jīchǎng	名	airport	去机场
5	洗手间	xǐshǒujiān	名	toilet	去洗手间
6	洗	xǐ	动	to wash	洗手;洗衣服
7	外	wài	名	outside	洗手间外
8	飞机	fēijī	名	plane	坐飞机

9	起飞	qǐfēi	动	to take off	飞机起飞了
10	护照	hùzhào	名	passport	办护照
11	信用卡	xìnyòngkǎ	名	credit card	一张信用卡
12	照相机	zhàoxiàngjī	名	camera	丢了照相机
13	重要	zhòngyào	形	important	非常重要；重要的东西
14	快	kuài	形	fast	快走；快去
15	找	zhǎo	动	to look for	找人；找东西；找警察
16	警察	jǐngchá	名	police	一位警察

kèwén

课文 Text

Mǎlì de bāo diū le

(一)玛丽的包丢了

Mǎlì : Màikè , wǒ de bāo diū le , zěnme bàn ne ?

玛丽：麦克，我的包丢了，怎么办呢？

(Mǎlì hěn zháojí)

(玛丽很着急)

Màikè : Nǐ mànman shuō , zài nǎr diū de ?

麦克：你慢慢说，在哪儿丢的？

Mǎlì : Zài jīchǎng de xǐshǒujiān wàimian .

玛丽：在机场的洗手间外面。

Màikè : Shénme shíhou diū de ?

麦克：什么时候丢的？

Mǎlì : Fēijī qǐfēi qián , shàngwǔ shí diǎn .

玛丽：飞机起飞前，上午十点。

Màikè : Nǐ de bāo li yǒu shénme ?

麦克：你的包里有什么？

Mǎlì : Dōu shì xiē hěn zhòngyào de dōngxi , wǒ de hùzhào , xìnyòngkǎ ,

玛丽：都是些很重要的东西，我的护照、信用卡，

hái yǒu shǒujī hé zhàoxiàngjī .

还有手机和照相机。

Màikè : Shì hěn zhòngyào a , wǒmen kuài qù zhǎo jǐngchá ba .

麦克：是很重要啊，我们快去找警察吧。

shēngcí
生 词 New Words

17	虽然	suīrán	连	though; although	
18	自己	zìjǐ	代	self; oneself	我自己;你自己
19	次	cì	量	a classifier for time	两次
20	跟	gēn	介	with	跟你一起
21	视频	shìpín	名	video	视频聊天
22	照顾	zhàogu	动	to look after	照顾自己
23	奇怪	qíguài	形	strange	奇怪的事
24	其实	qíshí	副	actually; in fact	
25	体重	tǐzhòng	名	weight	我的体重

kèwén
课 文 Text

Wǒ pàng le háishì shòu le
(二)我胖了还是瘦了

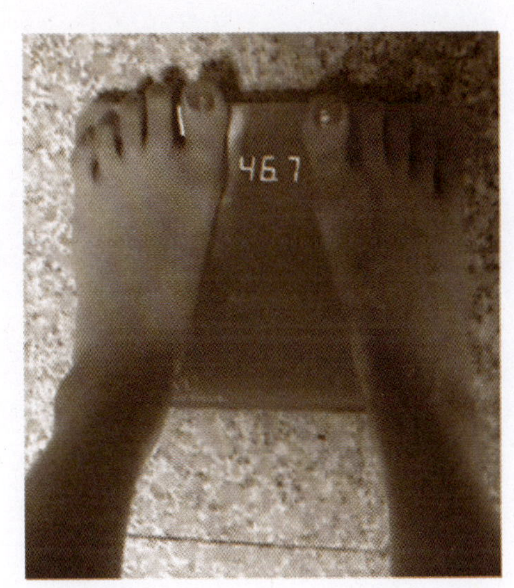

Lái Zhōngguó kuài sān ge yuè le, suīrán wǒ fāxiàn zìjǐ pàng le,
来中国快三个月了,虽然我发现自己胖了,

dànshì měi cì wǒ gēn māma zài wǎng shang shìpín liáotiānr, māma
但是每次我跟妈妈在网上视频聊天儿,妈妈

dōu shuō:"Mǎlì, nǐ zěnme shòu le, shēngbìng le ma? Zài Zhōngguó
都说:"玛丽,你怎么瘦了,生病了吗?在中国

xíguàn le ma ? Yào hǎohao zhàogu zìjǐ a !" Zhè jiàn shìr zhēn
习惯了吗？要好好照顾自己啊！"这件事儿真

qíguài , qíshí wǒ de tǐzhóng yìdiǎnr dōu méi biàn , zhè shì zěnme
奇怪，其实我的体重一点儿都没变，这是怎么

huí shìr ne ?
回事儿呢？

kèwén lǐjiě
课文理解 Text Comprehension

一、根据课文（一）回答问题 Answer the Following Questions According to Text（一）

1. 玛丽为什么很着急？
2. 玛丽在哪儿丢的包？
3. 玛丽什么时候丢的包？
4. 玛丽的包里有什么？
5. 他们打算怎么办？

二、根据课文（二）回答问题 Answer the Following Questions According to Text（二）

1. 玛丽觉得自己胖了吗？
2. 妈妈觉得玛丽胖了吗？
3. 玛丽的体重变了吗？
4. 为什么妈妈觉得玛丽瘦了？

三、根据课文（一）填空 Fill in the Blanks According to Text（一）

上午十点，飞机______前，玛丽的__________丢了，她非常着急。玛丽告诉麦克，她的包丢在了____________，而且她的包里都是些很__________的东西，有___________、___________、__________和______________。麦克觉得他们应该去找______________。

四、根据课文（二）完成对话 Complete the Following Dialogue According to Text（二）

（玛丽和妈妈视频聊天）

妈妈：玛丽，你最近怎么样？

玛丽：我在中国很好，妈妈。

妈妈：真的吗？你__________，是不是生病了？

玛丽：没瘦啊，我的__________没变，但是我觉得自己胖了。

妈妈：你没胖，瘦了。到中国后______________了吗？要____________啊！

玛丽：好的，妈妈。

语法 Grammar

yǔfǎ

一、助词“了”（2） Auxiliary Word “了”（2）

“VP/adj.+ 了”表示变化。“VP/adj.+ 了”indicates a change of state.

VP/adj.	+	了

1. 秋天到了，树叶已经黄了。（以前是夏天，树叶不是黄的。）
2. 玛丽的包丢了。（以前玛丽有包。）
3. 我发现自己胖了。（以前我很瘦。）
4. 她又想跟我们一起去了。（以前她不想跟我们一起去。）
5. 她已经是大学生了。（以前她是中学生。）

“不 +VP/adj.+ 了”也表示变化。“不 +VP/adj.+ 了”also indicates a change of state.

不	+	VP/adj.	+	了

1. 结婚后，她不工作了。（结婚前她工作。）
2. 我不回国了。（以前我打算回国。）
3. 我今天不发烧了。（昨天我发烧。）

二、虽然……但是…… Although

1. 他虽然学汉语的时间不长，但是口语很好。
2. 虽然外边很冷，但是房间里很热。
3. 虽然我觉得自己胖了，但是妈妈觉得我瘦了。

总结 Summary

“虽然……但是……”常常一起使用，表示转折关系。“但是”可以单独使用。例如：

"虽 然……但 是……"is usually used in combination to denote transition. "但 是" can also be used separately. For example:

1. 汉语很难,但是我觉得很有意思。

2. 工作很累,但是我很高兴。

zōnghé liànxí
综合练习 Comprehensive Exercises

一、朗读练习 Read Aloud

(一)朗读词组 Read the Phrases Aloud

来了 走了 丢了 生病了 感冒了 发烧了

不来了 不去了 出来了 进去了 下雨了 下雪了

胖了 瘦了 高了 冷了 热了 累了

因为……所以…… 不但……而且…… 虽然……但是……

(二)朗读句子 Read the Sentences Aloud

1. 我的包丢了。

   春天来了,天气暖和了。

   夏天了,天气热了。

   秋天了,天气凉快了。

   冬天到了,外面下雪了。

2. 虽然房间有点旧,但是很干净。

   这儿的水果虽然有点贵,但是很好吃。

   虽然坐飞机很快,但是太贵了。

   虽然我的体重一点儿都没变,但是我觉得自己胖了。

二、选词填空 Choose the Proper Words to Fill in the Blanks

慢	起飞	照相机	其实	体重	照顾	奇怪	护照	机场	丢

1. 飞机下午两点 ______,我们中午十二点到 ______。

2. 玛丽有 ________,我们请她帮我们照一张照片吧。

3. 出国的时候，一定要带上 ________。

4. 麦克今天没来上课，他告诉老师他生病了，________ 他跟朋友去看电影了。

5. 我们太 ______ 了，半个小时只跑了 2 公里（km）。

6. 虽然她的 _______ 没变，但是我们都觉得她胖了。

7. 今天爸爸和妈妈不在家，我要 ______ 妹妹，不能和你去爬山了。

8. 昨天去超市买东西时，我的手机 ______ 了。

9. 来中国以后，我发现非常瘦的女生也在减肥，我觉得很 ______。

三、语法练习 Grammar Exercises

（一）组句 Construct Sentences

1. 手机　我　丢　了　在学校

____。

2. 重要　东西　有　的　我的包里

____。

3. 因为　丢了　我去找警察　所以　包

____。

4. 胖了　发现　我　来中国　自己　快一年了

____。

5. 起飞前　飞机　我去　洗手间　机场的

____。

（二）看图，用"……了"说变化 Describe the Changes with "……了" According to the Following Pictures

1. ____

2.____

3.____

一斤 5.00 元

一斤 5.50 元

4.____

(三)课堂活动 Activities

用"虽然……但是……"把下面的句子变成一个新句子,完成后请读给大家听。

Link up the following sentences with "虽然……但是……", and then read aloud to others.

汉语很难。　　我很喜欢学汉语。
苹果很贵。　　苹果很好吃。
我最近很忙。　　我坚持锻炼身体。
我想减肥。　　我非常喜欢中国菜。
她很瘦。　　她还在减肥。

例如：句子 1：虽然汉语很难，但是我很喜欢学汉语。

句子 2：______

句子 3：______

句子 4：______

句子 5：______

四、句子匹配　Match the Sentences

A. 睡觉吧。

B. 快去找警察吧。

C. 树叶都黄了。

D. 但是我现在不想去了。

E. 用信用卡吧。

F. 去中国朋友家。

例如：明天安娜去北京。　[F]

1. 秋天到了。　[ ]
2. 虽然我昨天想去。　[ ]
3. 十二点了。　[ ]
4. 我没带钱。　[ ]
5. 我的照相机丢了。　[ ]

五、阅读理解　Reading Comprehension

1. 玛丽，你怎么瘦了，生病了吗？到中国后习惯了吗？要好好照顾自己啊！经常给家里打电话！

★这句话可能是谁说的？（　　）

A. 老师　　B. 经理　　C. 妈妈

2. 现在很多人喜欢去健身房运动。人们来健身房的原因不一样，有的人要减肥，有的人要锻炼身体，还有的人想认识新朋友。

★下面哪个不是人们喜欢去健身房的原因？（　　）

A. 减肥　　B. 认识新朋友　　C. 呼吸新鲜空气

六、汉字书写　Write the Chinese Characters

看下面的汉字部件，两两组合后注音，并抄写。

Look at the following Chinese character components and combine them in pairs to form characters. Write down the pinyin of the characters and copy the characters.

扌	圣	礻	木	曼	己	见	敬
忄	户	言	走	亻	目	忄	言

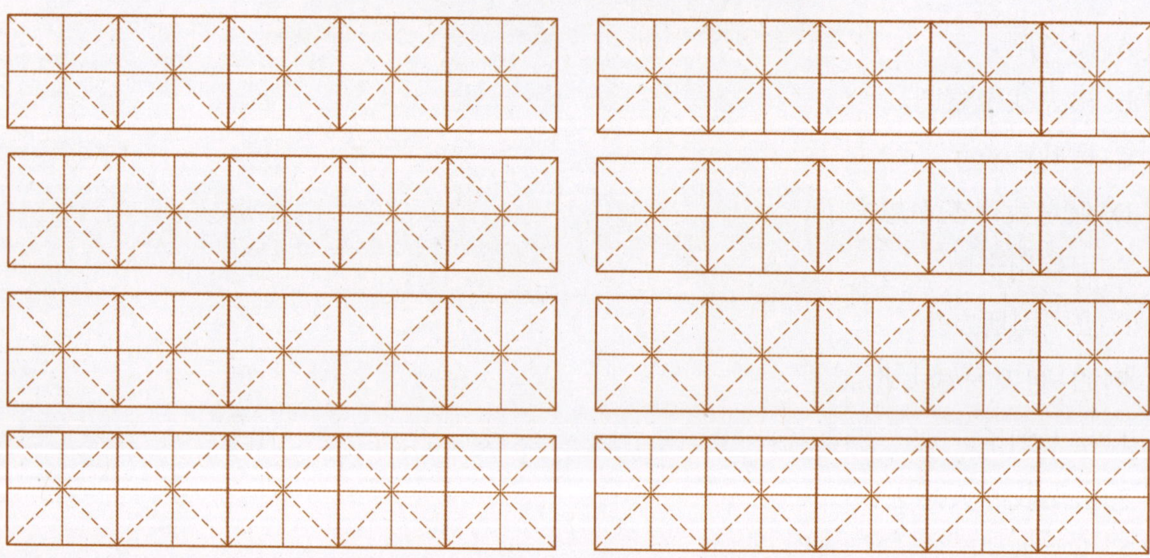

dì bā kè
第八课

Wǒ xiǎng xué chàng Zhōngguógē
我想学唱中国歌

shēngcí
生 词 New Words

1	音乐	yīnyuè	名	music	喜欢音乐
2	爱好	àihào	动 / 名	to like; hobby	爱好音乐；我的爱好
3	声音	shēngyīn	名	sound	好听的声音
4	如果	rúguǒ	连	if; in case	
5	对	duì	介	to; for	
6	兴趣	xìngqù	名	interest	对音乐感兴趣
7	合唱团	héchàngtuán	名	chorus	参加合唱团
8	担心	dānxīn	动	to worry	很担心；担心妈妈
9	容易	róngyì	形	easy	很容易

10	帮助	bāngzhù	动	to help	帮助我
11	歌词	gēcí	名	lyrics	歌词很难
12	发音	fāyīn	名/动	pronunciation; to pronounce	发音不太好
13	了解	liǎojiě	动	to know	了解他；了解中国
14	文化	wénhuà	名	culture	中国文化
15	试	shì	动	to try	试(一)试；试衣服

kèwén
课 文 Text

Wǒ xiǎng xué chàng Zhōngguógē
(一)我想学唱中国歌

Màikè: Mǎlì, nǐ méi shìr de shíhou xǐhuan gàn shénme?
麦克：玛丽，你没事儿的时候喜欢干什么？

Mǎlì: Wǒ xǐhuan yīnyuè, chàng gē shì wǒ zuì dà de àihào.
玛丽：我喜欢音乐，唱歌是我最大的爱好。

Màikè: Nǐ de shēngyīn hěn hǎotīng, rúguǒ nǐ duì chàng Zhōngguógē yǒu xìngqù, nǐ kěyǐ lái cānjiā wǒmen de héchàngtuán.
麦克：你的声音很好听，如果你对唱中国歌有兴趣，你可以来参加我们的合唱团。

Mǎlì: Hǎo a, wǒ yě xiǎng xué Zhōngguógē, dànshì dānxīn Zhōngguógē bù róngyì xué.
玛丽：好啊，我也想学中国歌，但是担心中国歌不容易学。

Màikè: Zhōngguógē bú tài nán, érqiě xué Zhōngguó gē hái duì xuéxí Hànyǔ fēicháng yǒu bāngzhù.
麦克：中国歌不太难，而且学中国歌还对学习汉语非常有帮助。

Mǎlì: Yǒu shénme bāngzhù ne?
玛丽：有什么帮助呢？

Màikè: Xué chàng Zhōngguógē xūyào zhīdào gēcí ba, jì gēcí de shíhou kěyǐ liànxí fāyīn, hái kěyǐ liǎojiě Zhōngguó wénhuà ne!
麦克：学唱中国歌需要知道歌词吧，记歌词的时候可以练习发音，还可以了解中国文化呢！

Mǎlì: Nǐ shuō de duì, wǒ qù shìshi ba.
玛丽：你说的对，我去试试吧。

生词 New Words

shēngcí

16	毕业	bìyè	动	to graduate	大学毕业
17	开	kāi	动	to open	开学
18	咖啡馆	kāfēiguǎn	名	café	开一家咖啡馆
19	样子	yàngzi	名	appearance	什么样子
20	杯子	bēizi	名	cup	一个杯子
21	舒服	shūfu	形	comfortable	
22	沙发	shāfā	名	sofa	舒服的沙发
23	秋	qiū	名	fall; autumn	秋天
24	丈夫	zhàngfu	名	husband	妻子和丈夫

课文 Text

kèwén

（二）我想开一家咖啡馆

Wǒ xiǎng kāi yì jiā kāfēiguǎn

Mǎlì: Màikè, bìyè yǐhòu nǐ xiǎng huí guó ma?
玛丽：麦克，毕业以后你想回国吗？

Màikè: Bù, wǒ xiǎng zài Zhōngguó kāi yì jiā kāfēiguǎn.
麦克：不，我想在中国开一家咖啡馆。

Mǎlì: Nǐ xiǎng kāi shénme yàngzi de kāfēiguǎn ne?
玛丽：你想开什么样子的咖啡馆呢？

Màikè: Wǒ juéde wǒ de kāfēiguǎn li yǒu hǎohē de kāfēi, piàoliang de bēizi, shūfu de shāfā, dàjiā xǐhuan de shū.
麦 克：我 觉 得 我 的 咖 啡 馆 里 有 好 喝 的 咖 啡，漂 亮 的 杯 子，舒 服 的 沙 发，大 家 喜 欢 的 书。

Mǎlì: Qiūtiān de xiàwǔ gēn zhàngfu yìqǐ qù zhèyàng de kāfēiguǎn li zuòzuo, hē bēi kāfēi, kànkan shū, zhēn shì tài hǎo le.
玛 丽：秋 天 的 下 午 跟 丈 夫 一 起 去 这 样 的 咖 啡 馆 里 坐 坐，喝 杯 咖 啡，看 看 书，真 是 太 好 了。

kèwén lǐjiě 课文理解 Text Comprehension

一、根据课文（一）回答问题 Answer the Following Questions According to Text（一）

1. 玛丽最大的爱好是什么？
2. 麦克为什么说玛丽可以参加他们的合唱团？
3. 玛丽想学中国歌吗？她担心什么？
4. 麦克觉得学中国歌对学习汉语有什么帮助？

二、根据课文（二）回答问题 Answer the Following Questions According to Text（二）

1. 麦克毕业以后想干什么？
2. 麦克想开什么样子的咖啡馆？
3. 玛丽觉得这样的咖啡馆怎么样？

三、根据课文（一）填空 Fill in the Blanks According to Text（一）

玛丽喜欢__________，她______________是唱歌，麦克觉得玛丽的声音很好听，如果__________，那么______________。玛丽也想学中国歌，但是她担心__________。麦克说：“虽然____________，但是____________。学唱中国歌需要____________，记歌词的时候可以____________，还可以____________。”所以玛丽打算试一试。

四、根据课文（二）填空 Fill in the Blanks According to Text（二）

麦克毕业以后不想______，想______________，他的咖啡馆里有____________，有____________，有____________，还有____________。秋天的下午，可以在这样的咖啡馆里________，________，________，真是太好了。

yǔfǎ

语 法 Grammar

一、能愿动词 Modal Verbs

(一)想 want to, would like to

“想”表示愿望、打算、要。

“想”is used to express wishes, desires and demands.

肯定式 Affirmative Form

S	+	想	+	V	+	O

1. 我 想 学唱中国歌。
2. 我 想 在中国开一家咖啡馆。
3. 很多外国学生想 来中国留学。

否定式 Negative Form

S	+	不想	+	V	+	O

1. 我 不想 学唱中国歌。
2. 我 不想 在中国开咖啡馆。

疑问形式 Interrogative Form

S	+	想不想	+	V	+	O？

S	+	想	+	V	+	O	+	吗？

1. 你 想不想 学唱中国歌？
   你 想 学唱中国歌吗？
2. 你 想不想在中国开咖啡馆？
   你 想 在中国开咖啡馆吗？

错句 Wrong Sentences

*1. 我想不学唱中国歌。

*2. 我想不在中国开咖啡馆。

* 3. 你想学不学唱中国歌？

* 4. 你想在不在中国开咖啡馆？

（二）可以　can, may

肯定式　Affirmative Form

“S+ 可以 +V+O”表示有能力或有条件做某事。

“S+ 可以 +V+O” is used to express the meaning of having the ability to do something.

S	+	可以	+	V	+	O

1. 她　可以　说　汉语。
2. 我　可以　三天不睡觉。

“S+ 可以 +V+O”也表示情理上允许或环境许可。

“S+可以 +V+O” is also used to indicate that it is reasonable to do something or that circumstances permit one to do something.

1. 这儿　可以　抽烟吗？
2. 我　可以　用一下你的词典吗？

否定式　Negative Form

S	+	不能 / 不可以	+	V

1. A：你可以跟我一起去吗？
   B：对不起，我有事儿，不能跟你一起去。
2. A：这儿可以抽烟吗？
   B：对不起，这儿不能（不可以）抽烟。

总结　Summary

表示“有能力、有条件做某事”的“可以”，其否定式为“不能”。表示“允许、许可”的“可以”，其否定式是“不能”或者“不可以”。

When “可以” means “ having the ability to do something”, its negative form is “不能”. When “可以” means “permission”, its negative form is “不能” or “不可以”.

二、如果……那么……　if ... then ...

1. 如果你对唱中国歌有兴趣，那么你可以来参加我们的合唱团。

2. 如果明天下雨，那么我们就不去爬山了。

3. 如果你去，那么我也去。

4. 如果有时间，那么我们明天去公园玩儿。

总结 Summary

“如果……那么……”表示假设关系，其中“那么”可以省略，后面的小句中常常有“就”。例如：

“如果……那么……” indicates suppositional relation. “那么” can be omitted, and “就” is usually used in the second clause. For example:

1. 如果你去，（那么）我就去。
2. 如果没时间，（那么）你就别来了。

zōnghé liànxí 综合练习 Comprehensive Exercises

一、朗读练习 Read Aloud

（一）朗读词组 Read the Phrases Aloud

想爬山	不想爬山	想不想爬山	
会游泳	不会游泳	会不会游泳	
能来	不能来	能不能来	
可以停车	不能停车	可不可以停车	
想学中国歌	想开咖啡馆	想喝咖啡	想去北京
会说汉语	会唱中国歌	会开汽车	会打太极拳
能去	能抽烟	能看见	能游一个小时
可以参加	可以开车	可以停车	可以说汉语
因为……所以……	不但……而且……	虽然……但是……	如果……那么……

（二）朗读句子 Read the Sentences Aloud

1. 我喜欢音乐，我爱好音乐。
   唱歌是我最大的爱好。
   我最大的爱好是唱歌。
2. 我来中国已经两年了，我很想我妈妈。

我很想学唱中国歌。

3. 和中国人聊天儿对学习汉语很有帮助。

中国歌虽然不容易学，但是对学习汉语非常有帮助。

二、选词填空 Choose the Proper Words to Fill in the Blanks

爱好	兴趣	如果	担心	帮助	容易	了解	毕业	文化	舒服

1. 因为我对中国功夫 (gōngfu, kung fu) 很有 ________，所以我来中国留学。
2. ________ 你想跟我一起去看电影，那么你今天晚上七点来找我。
3. 虽然学习汉语不 ________，但是我对学习汉语很有兴趣。
4. 麦克今天身体不 ________，他不能来上课了。
5. 我很喜欢运动，最大的 ______ 是打篮球。
6. _______ 以后你打算做什么？
7. 中国太大了，每个地方的 ______ 也不太一样。
8. 我已经认识我女朋友四年了，我很 ______ 她。
9. 我来中国已经两年了，但是妈妈还是很 ______ 我，总是告诉我要好好照顾自己。
10. 我的汉语不太好，老师和同学们常常 ______ 我，我很想对他们说："谢谢。"

三、语法练习 Grammar Exercises

(一)组句 Construct Sentences

1. 想　我　一本　买　词典

____

2. 那儿　停车　可以　吗

____

3. 迟到　上课　能　不

____

4. 你　想　去商场　买衣服　不想

____

5. 一起　　如果　　你没事儿　　喝咖啡　　我们

____

（二）选词填空　Choose the Proper Words to Fill in the Blanks

能　　想　　会　　可以

1. 我不是法国人，不__________说法语。
2. 玛丽__________学太极拳。
3. 他很______学唱中国歌。
4. 老师，我__________请假。
5. 我__________用用你的车吗？
6. 老师，玛丽不舒服，她今天不________来上课。
7. 他不想学法语，________学英语。
8. 你一分钟________________写多少汉字？
9. 喝酒了，现在不__________开车，你开吧。
10. 这儿不__________停车。

（三）课堂活动　Activities

1. 用"如果……那么……"把下面的句子变成一个新句子，完成后请读给大家听。

Link up the following sentences with "如果……那么……", and then read aloud to others.

你想减肥。	我就参加你的生日晚会。
明天下雨。	我们不去公园。
我明天有时间。	你就去健身房运动。
你想学唱中国歌。	你就在家休息。
你明天身体不舒服。	你就要记歌词。

句子 1：______________________________________

句子 2：______________________________________

句子 3：______________________________________

句子 4：______________________________________

句子 5：______________________________________

（四）改错句 Correct the Sentences

1. 你想去不去上海？

____

2. 这本词典太贵了，我不可以买。

____

3. 她感冒了，不舒服，不会来上课。

____

4. 她喝酒了，不会开车。

____

5. 虽然她不能开车，但是她不想学。

____

四、句子匹配 Match the Sentences

A. 我喝酒了。

B. 我教你吧。

C. 我要开一家咖啡馆。

D. 我十八岁就会开了。

E. 这儿不能抽烟吗？

F. 她去中国朋友家。

例如：明天安娜去北京。 [F]

1. 你会开车吗？ [ ]
2. 现在你为什么不能教我开车？ [ ]
3. 我想学开车。 [ ]
4. 你怎么在这儿抽烟？ [ ]
5. 毕业以后你想干什么？ [ ]

五、阅读理解 Reading Comprehension

1. 我的包丢了，包里都是些很重要的东西，我的护照、信用卡，还有手机、电脑和照相机。

★包里没有什么？（　　）

A. 护照　　B. 照相机　　C. 钱

2. 我对中国歌非常感兴趣。中国歌虽然不容易学，但是对学习汉语非常有帮助。不但可以练习发音，而且能了解中国文化。

★“我”觉得中国歌（　　）。

A. 有意思　　B. 容易　　C. 好听

六、用适当的情态动词完成会话　Complete the Dialogue with the Proper Modal Verbs

麦克：你______开汽车吗？

玛丽：我______开汽车，我只会骑自行车。

麦克：你对开车有兴趣吗？______学开车？

玛丽：________学，但是我担心开车太危险（dangerous）。你______开汽车吗？

麦克：当然______开，我十八岁就会开汽车了。

玛丽：那昨天晚上为什么是吉米开车，你怎么不开？

麦克：昨天晚上我不______开，因为我喝酒了。喝酒后不______开车。

玛丽：你______教我开车吗？

麦克：我现在不______教你开车。

玛丽：为什么？你有事？

麦克：因为我今天也喝酒了，哈哈。

七、汉字书写　Write the Chinese Characters

看下面的汉字部件，两两组合后注音，并抄写。

Look at the following Chinese character components and combine them in pairs to form characters. Write down the pinyin of the characters and copy the characters.

走　口　扌　哥　司　角　比　取　禾

欠　刀　火　牛　讠　十　旦　才

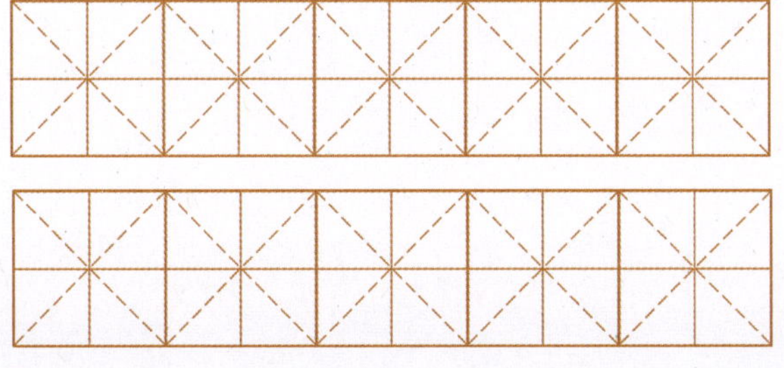

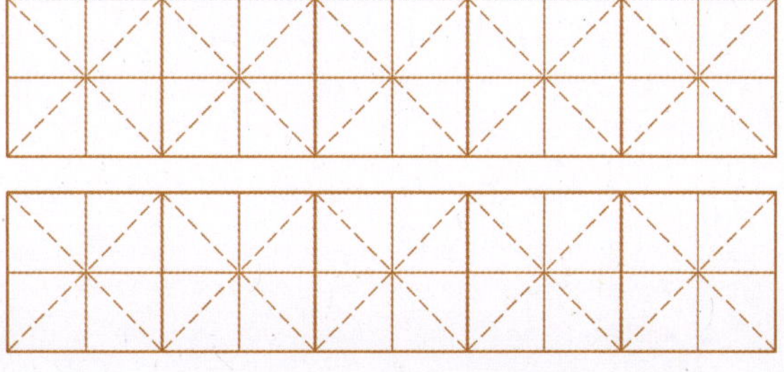

dì jiǔ kè
第九课

Zuótiān chīle wǎnfàn zuò shénme le
昨天吃了晚饭做什么了

shēngcí
生 词 New Words

1	草	cǎo	名	grass	有花有草
2	校长	xiàozhǎng	名	headmaster	中学校长
3	经理	jīnglǐ	名	manager	公司经理
4	关系	guānxi	名	relation	跟……有关系
5	比较	bǐjiào	副	comparatively	比较好，比较忙
6	段	duàn	量	(a classifier for time, distance, etc.)	这段时间
7	除了	chúle	介	except; besides	
8	散步	sànbù	离	to take a walk	去公园散步
9	改	gǎi	动	to correct	改坏习惯

kèwén

课文 Text

Zuótiān chīle wǎnfàn zuò shénme le

(一)昨天吃了晚饭做什么了

(Wáng xiàozhǎng hé Zhāng jīnglǐ shì línjū. Zǎoshang tāmen yìqǐ xià lóu qù shàng bān.)
(王校长和张经理是邻居。早上他们一起下楼去上班。)

Wáng xiàozhǎng: Zhāng jīnglǐ zǎo a! Wǒ fāxiàn zuìjìn nín pàng le.
王校长：张经理早啊！我发现最近您胖了。

Zhāng jīnglǐ: Shì a, zhè duàn shíjiān bǐjiào máng, méi shíjiān duànliàn le. Yě kěnéng gēn wǒ de shēnghuó xíguàn yǒu guānxi.
张经理：是啊，这段时间比较忙，没时间锻炼了。也可能跟我的生活习惯有关系。

Wáng xiàozhǎng: Chúle duànliàn shǎo, nín měi tiān chīle wǎnfàn zuò shénme?
王校长：除了锻炼少，您每天吃了晚饭做什么？

Zhāng jīnglǐ: Wǒ cháng chīle wǎnfàn jiù kàn diànshì. Zuótiān wǎnshang kànle huìr diànshì jiù shuìjiào le.
张经理：我常吃了晚饭就看电视。昨天晚上看了会儿电视就睡觉了。

Wáng xiàozhǎng: Qíshí chīle fàn mǎshàng jiù kàn diànshì duì shēntǐ bù hǎo, fàn hòu nín kěyǐ qù sànbù.
王校长：其实吃了饭马上就看电视对身体不好，饭后您可以去散步。

Zhāng jīnglǐ: Duì a! Nín cháng qù nǎr sànbù?
张经理：对啊！您常去哪儿散步？

Wáng xiàozhǎng: Wǒ cháng qù fùjìn de xiǎo gōngyuán, nàr yǒu huā yǒu cǎo, huánjìng búcuò. Měi tiān chīle wǎnfàn qù sànbù de rén hěn duō. Búshì yǒu jù huà jiào "fàn hòu bǎi bù zǒu, huó dào jiǔshíjiǔ" ma?
王校长：我常去附近的小公园，那儿有花有草，环境不错。每天吃了晚饭去散步的人很多。不是有句话叫“饭后百步走，活到九十九”吗？

Zhāng jīnglǐ: Hǎo! Cóng jīntiān kāishǐ wǒ yídìng gǎi zhège huài xíguàn. Hé nín yíyàng, chīle wǎnfàn jiù qù sànbù, xīwàng huó
张经理：好！从今天开始我一定改这个坏习惯。和您一样，吃了晚饭就去散步，希望活

dào jiǔshíjiǔ !
到 九 十 九 !

shēngcí
生 词 New Words

10	同事	tóngshì	名	colleague	妈妈的同事
11	出差	chūchāi	动	to be on a business trip	去北京出差
12	出发	chūfā	动	to start out	下午出发
13	行李箱	xínglixiāng	名	luggage	我的行李箱
14	放心	fàngxīn		to set one's heart at rest	请您放心吧
15	北方	běifāng	名	north	北方的城市
16	厚	hòu	形	thick	厚衣服
17	根据	gēnjù	介	according to	根据工作安排
18	季节	jìjié	名	season	四个季节
19	会议	huìyì	名	meeting	开一个会议
20	一定	yídìng	副	surely	一定去
21	长	cháng	形	long	很长

kèwén
课文 Text

Wǒ xiàle fēijī jiù gěi nǐ dǎ diànhuà
（二）我下了飞机就给你打电话

Zhàngfu: Xiǎolì, gēnjù wǒ zuìjìn de gōngzuò, hòutian wǒ yào qù Hāěrbīn chūchāi, cānjiā ge huìyì.
丈夫：小丽，根据我最近的工作，后天我要去哈尔滨出差，参加个会议。

Qīzi: Shì nǐ yí ge rén qù ma? Qù jǐ tiān?
妻子：是你一个人去吗？去几天？

Zhàngfu: Wǒ hé gōngsī liǎng ge tóngshì yìqǐ qù. Shíjiān bù cháng, zhǐ qù sān tiān.
丈夫：我和公司两个同事一起去。时间不长，只去三天。

Qīzi: Wǒ bāng nǐ zhǔnbèi xíngli ba.
妻子：我帮你准备行李吧。

Zhàngfu: Bú yòng nǐ bāngmáng, wǒ zìjǐ zhǔnbèi ba. Dài shang diànnǎo hé jǐ jiàn yīfu, zhǐ yòng yí ge xínglixiāng hé yí ge bāo jiù xíng le.
丈夫：不用你帮忙，我自己准备吧。带上电脑和几件衣服，只用一个行李箱和一个包就行了。

Qīzi: Hā'ěrbīn shì běifāng chéngshì, xiànzài zhège jìjié nàr fēicháng lěng, nǐ dài jiàn hòu yīfu ba. Hòutiān jǐ diǎn chūfā?
妻子：哈尔滨是北方城市，现在这个季节那儿非常冷，你带件厚衣服吧。后天几点出发？

Zhàngfu: Zhōngwǔ shí'èr diǎn de fēijī, wǒmen jiǔ diǎn cóng gōngsī chūfā qù jīchǎng. Fàngxīn ba, wǒ xiàle fēijī jiù gěi nǐ dǎ diànhuà.
丈夫：中午十二点的飞机，我们九点从公司出发去机场。放心吧，我下了飞机就给你打电话。

zhùshì
注释 Notes

1. 段(a classifier for time, distance, etc.)

（1）一段时间，这段时间。

（2）一段距离，这段距离。

2. 除了 (except; besides)

（1）今天除了麦克没来，大家都来了。

（2）我弟弟除了会说英语，还会说法语。

课文理解 (kèwén lǐjiě) Text Comprehension

一、根据课文（一）回答问题 Answer the Following Questions According to Text（一）

1. 王校长觉得张经理最近怎么了？
2. 张经理昨天吃了晚饭做什么了？
3. 王校长觉得张经理的习惯怎么样？
4. 王校长吃了晚饭做什么？
5. 王校长说的"饭后百步走，活到九十九"是什么意思？

二、根据课文（二）回答问题 Answer the Following Questions According to Text（二）

1. 丈夫后天去哈尔滨做什么？
2. 妻子和丈夫谁准备去哈尔滨的行李？
3. 丈夫后天几点出发？
4. 丈夫对妻子说他到了哈尔滨就做什么？

三、根据课文（一）填空 Fill in the Blanks According to Text（一）

张经理最近胖了，因为这______时间他________忙，没有时间锻炼身体。他也常常吃了晚饭______看电视。王校长对张经理说，常常吃____晚饭就看电视对身体不好。晚饭后可以去附近的小公园______。那个公园有花有______，环境不错。

四、根据课文（二）填空 Fill in the Blanks According to Text（二）

______工作安排，丈夫后天要和公司两个______一起去哈尔滨______。他的______不多，只有一个行李箱和一个包。但因为哈尔滨是个______城市，比较冷。他的妻子让他带一件______衣服。

yǔfǎ
语 法 Grammar

助词"了"(3)

(A)

S	+	V1了	+	就V2

1. 我　　　下了　课　　就去找你。
2. 我　　　下了飞机　　就给你打电话。

(B)

S	+	V1了	+	就V2	+了

3. 昨晚我很累,吃了晚饭　　就睡觉　了。
4. 上午我　　取了钱　　就回宿舍了。

错句　Wrong Sentences

* 1. 去年我毕了业就参加工作。
* 2. 明天我吃了早饭就去机场了。

总结　Summary

A、B两个格式用来表示第二个动作紧跟第一个动作发生。如果句子里两个动作还没有完成,用A式;如果两个动作都已完成,用B式。

Structure A and structure B can be used to indicate that the second action takes place only after the first one. If the two actions have not taken place or been completed, A should be used; if the two actions have taken place or been completed, B should be used.

zōnghé liànxí
综合练习 Comprehensive Exercises

一、朗读练习　Read Aloud

1. 中午同学们下了课就回宿舍了。
2. 明天我吃了早饭就去图书馆。
3. 爸爸常常吃了晚饭就看电视。
4. 昨天晚上我下了班就去超市了。

5. 我到了机场就给你打电话。

二、词语应用 Word Application

(一)选词填空 Choose the Proper Words to Fill in the Blanks

飞机 会议 放心 出发 非常 关系 改 根据

1. 我在这里的生活都很好,爸爸妈妈请________吧。
2. 丈夫后天要和同事一起坐________去上海出差。
3. 这个小花园有花有草,环境________不错。
4. 他们俩是同屋也是同学,________非常好。
5. 明天早上我们九点半________去机场好吗?
6. 这个星期五下午的________几点开始?
7. 吃了饭就看电视对身体不好,你应该________一下儿。
8. ________工作安排,下星期四我去北京开一个会议。

(二)选择填空 Choose the Right Words to Fill in the Blanks

1. 明天是我的生日,你______要来我家玩儿啊!

A. 一下儿 B. 一定 C. 非常 D. 很

2. 张经理让我和同事明天去哈尔滨______。

A. 出发 B. 出去 C. 出差 D. 出来

3. 中国很多地方一年都有四个______。

A. 天气 B. 时间 C. 季节 D. 环境

4. 那个人不是我哥哥,他和我一起工作,是我______。

A. 公司 B. 同事 C. 花园 D. 同学

5. 吃了饭我们去楼下小花园______好吗?

A. 散步 B. 出发 C. 习惯 D. 帮忙

6. ________工作安排,今天下午我们开个会议。

A. 非常 B. 根据 C. 散步 D. 改

三、语法练习 Grammar Exercises

（一）替换 Substitution Drills

1. A：你什么时候出发？

   B：我想吃了早饭就出发。

去医院	下了课
复习生词	听了音乐
去散步	吃了晚饭
回来	买了东西

2. A：昨天晚上你吃了晚饭做什么了？

   B：昨天晚上我吃了晚饭就去花园散步了。

去朋友房间	听音乐
复习生词	看电视
跟朋友聊天	写作业

（二）组句 Construct Sentences

1. 从今天开始　这个坏习惯　一定改　我

____

2. 散步　哪儿　饭后　常去　您

____

3. 非常　环境　楼下的小花园　不错

____

4. 了　早饭　就去上班　爸爸　吃

____

5. 非常好　这段　我的身体　时间

____

（三）回答问题 Answer Questions

1. 你每天吃了午饭常常做什么？

____

2. 你昨天吃了午饭做什么了？

____

3. 你每天下了班常常做什么？

____

4. 你昨天下了班做什么了？

____

5. 明天下了课你想去哪儿？

____

（四）用所给词语完成对话　Complete the Dialogues with the Given Words in Brackets

1. A：今天同学们都来了吗？

   B：______________________（除了……都……）

2. A：你有什么爱好？

   B：______________________（除了……都……）

3. A：你喜欢吃什么水果？

   B：______________________（除了……都……）

4. A：来中国后，你去过哪儿？

   B：______________________（除了……还……）

5. A：你们家谁会说英语？

   B：______________________（除了……还……）

6. A：你午饭想吃什么？

   B：______________________（除了……还……）

（五）用“就”完成句子　Complete the Sentences with “就”

1. 明天我下了课______________________。

2. 昨天晚上我到了家______________________。

3. 妈妈吃了药______________________。

4. 每天爸爸下了班______________________。

5. 昨天下午我们看了电影______________________。

（六）改错句　Correct the Sentences

1. 昨天我吃了早饭就去教室。

____

2. 我喜欢下了课就听音乐了。

____

3. 你放心，明天我到了机场就给你打电话了。

____

4. 爸爸常常吃了晚饭就去花园锻炼身体了。

____

5. 她生病了，我下了课就去医院看了她。

____

（七）课堂活动　Activities

先由第一个学生说出一个“V1+ 了 + 就 +V2（+ 了）”结构的句子，下一个学生以句中第二个动词为新句的第一个动词，继续说出一个新句子，全班同学以此类推。

The first student should make a sentence with the structure “V1+ 了 + 就 +V2（+ 了）”, and then the next student should make a new sentence with the same structure, and V1 of the new sentence should be same with V2 of the last sentence. The rest students should do in the same manner.

四、看图，用词造句　Make Sentences with the Given Words According to the Pictures

出差______________________________

厚______________________________

散步

同事____

五、阅读理解　Reading Comprehension

1. 在我们的生活中，常常会遇到一些不高兴的事。这事你最好快点儿忘了它。当我们改变不了世界时，我们可以改变自己对这个世界的看法。

★ 遇到不高兴的事情时，我们应该（　　）。

A. 常想着它　　B. 改变自己　　C. 很不高兴

2. 医生对一个很胖的人说，如果他每天跑 8 公里，跑 300 天，就能减少 34 公斤。300 天后，医生接到那个人的电话，说他已经减了 34 公斤。但他现在有个难题。"什么难题？"医生问。"我现在已经离家 2 400 公里了。"

★ 那个人每天跑步是因为（　　）。

A. 太胖了　　B. 想参加比赛　　C. 想让大家知道

★ 300 天后，那个人的难题是什么？（　　）

A. 没有成功　　B. 太瘦了　　C. 离家太远了

六、汉字书写　Write the Chinese Characters

看下面的汉字部件，两两组合后注音，并抄写。

Look at the following Chinese character components and combine them in pairs to form characters. Write down the pinyin of the characters and copy the characters.

义 阝 王 讠 车 艹 方 木

攵 余 交 丁 扌 里 化 儿

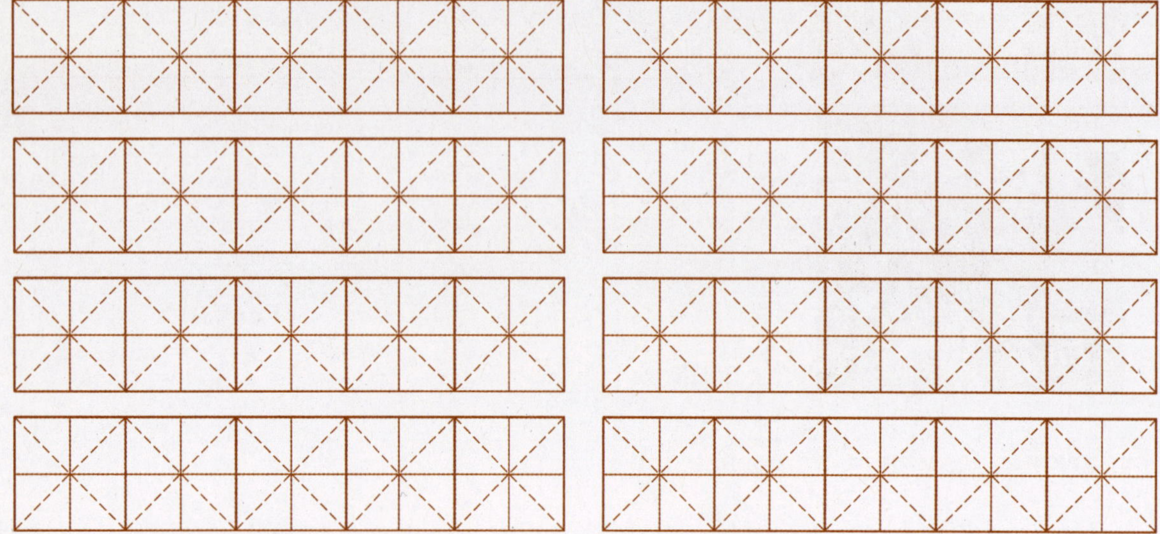

dì shí kè

第十课

Tā chuānzhe yì tiáo cháng qúnzi

她穿着一条长裙子

shēngcí

生词 New Words

1	聪明	cōngming	形	clever	他非常聪明
2	可爱	kě'ài	形	cute	又聪明又可爱
3	遇到	yùdào	动	to meet	遇到了老朋友
4	头发	tóufa	名	hair	头发很长
5	帽子	màozi	名	hat	红帽子
6	戴	dài	动	to wear	戴着红帽子
7	刚才	gāngcái	副	just now	
8	借	jiè	动	to borrow	借书;借钱

9	认为	rènwéi	动	to think	我认为
10	成绩	chéngjì	名	score	成绩很好
11	眼睛	yǎnjīng	名	eyes	大大的眼睛
12	考试	kǎoshì	名	test	每次考试

kèwén
课文 Text

Tā chuānzhe yì tiáo cháng qúnzi
(一)她穿着一条长裙子

Wáng Lì: Nǐ cāi wǒ gāngcái zài túshūguǎn jiè shū shí yùdàole shuí?
王力：你猜我刚才在图书馆借书时遇到了谁？

Lǐ Míng: Zhè wǒ zěnme cāi ya? Nǐ gàosu wǒ ba.
李明：这我怎么猜呀？你告诉我吧。

Wáng Lì: Wǒ yùdàole zánmen xuéxiào de xiàohuār!
王力：我遇到了咱们学校的校花儿！

Lǐ Míng: Shì ma? Wǒ shénme shíhou yě néng hé tā jiànmiàn jiù hǎo le!
李明：是吗？我什么时候也能和她见面就好了！

Wáng Lì: Tā hěn hǎokàn. Yǎnjīng dàdà de, tóufa chángcháng de, chuānzhe yì tiáo cháng qúnzi, hái dàizhe yí ge xiǎo hóng màozi, zhēn shì yòu piàoliang yòu kě'ài.
王力：她很好看。眼睛大大的，头发长长的，穿着一条长裙子，还戴着一个小红帽子，真是又漂亮又可爱。

Lǐ Míng: Tā yě hěn cōngming ne, měi cì kǎoshì chéngjì dōu shì bān lǐ qián sān míng.
李明：她也很聪明呢，每次考试成绩都是班里前三名。

Wáng Lì: Zhēn de? Wǒ yìzhí rènwéi piàoliang de nǚshēng dōu bù xǐhuan xuéxí ne.
王力：真的？我一直认为漂亮的女生都不喜欢学习呢。

Lǐ Míng: Hāha, bù yídìng ba.
李明：哈哈，不一定吧。

shēngcí
生 词 New Words

13	空调	kōngtiáo	名	air conditioner	空调很新
14	关	guān	动	to close	关门;关空调
15	腿	tuǐ	名	leg	腿有点儿冷
16	灯	dēng	名	light	白色的灯
17	亮	liàng	形 / 动	bright	灯亮着
18	浪费	làngfèi	动	to waste	浪费水;浪费电
19	衬衫	chènshan	名	shirt	谁的衬衫
20	裤子	kùzi	名	trousers	他的裤子
21	感冒	gǎnmào	动	to catch a cold	我感冒了
22	脚	jiǎo	名	foot	脚有点儿冷
23	发现	fāxiàn	动	to discover	我发现
24	放	fàng	动	to put	放着呢
25	让	ràng	动	to make sb. do sth.	妈妈让我吃饭
26	再	zài	副	again	再见

kèwén
课文 Text

Kōngtiáo kāizhe ne
(二)空调开着呢

Māma : Míngming , zěnme fángjiān lǐ kōngtiáo kāizhe , mén yě kāizhe ya ?
妈妈：明明，怎么房间里空调开着，门也开着呀？

Háizi : Shì nǎinai gāngcái shuō yǒudiǎnr lěng , ràng wǒ kāizhe mén de .
孩子：是奶奶刚才说有点儿冷，让我开着门的。

Māma : Kōngtiáo kāizhe , yīnggāi guān mén , zhèyàng jiù bú làngfèi diàn le .
妈妈：空调开着，应该关门，这样就不浪费电了。

Kōngtiáo wǒ guān yíhuìr ba . Mā , rúguǒ nín juéde lěng ,
空调我关一会儿吧。妈，如果您觉得冷，

jiù zài chuān jiàn chènshān ba , bié gǎnmào le .
就再穿件衬衫吧，别感冒了。

Nǎinai : Shàngbànshēnr hái xíng , wǒ jiùshì juéde tuǐ hé jiǎo yǒudiǎnr
奶奶：上半身儿还行，我就是觉得腿和脚有点儿

liáng , wǒ qù chuān tiáo cháng kùzi ba . Píngguǒ zài zhuōzi
凉，我去穿条长裤子吧。苹果在桌子

shang fàngzhe ne , hěn hǎochī . Nǐmen chī ba .
上放着呢，很好吃。你们吃吧。

Māma : Hǎo de , nín yě chī . Míngming , zhège gěi nǐ .
妈妈：好的，您也吃。明明，这个给你。

Háizi : Māma , wǒ fāxiàn xǐshǒujiān de dēng liàngzhe ne , gāngcái
孩子：妈妈，我发现洗手间的灯亮着呢，刚才

nǐ méi guān . Hāha , māma yě làngfèi diàn le .
你没关。哈哈，妈妈也浪费电了。

Māma : Á ? Nà nǐ kuài qù guān ba .
妈妈：啊？那你快去关吧。

zhùshì
注释 Notes

1. 又……又……（...and...）

（1）我觉得第三课的课文又长又难。

（2）下课了，同学们又说又笑的，很高兴。

2. 不一定（uncertain；not sure）

（1）你认为妈妈会喜欢这件衣服，可我觉得她不一定喜欢。

（2）聪明的学生学习成绩不一定很好。

kèwén lǐjiě
课文理解 Text Comprehension

一、根据课文(一)回答问题 Answer the Following Questions According to Text(一)

1. 王力在图书馆做什么？
2. 王力在图书馆遇到了谁？
3.“校花儿”是什么意思？
4. 校花儿的学习成绩怎么样？
5. 漂亮的女生一定不喜欢学习吗？

二、根据课文(二)回答问题 Answer the Following Questions According to Text(二)

1. 妈妈回家时发现了什么？
2. 家里为什么空调和门都开着？
3. 如果空调和门都开着会怎么样？
4. 奶奶让妈妈和孩子吃的苹果在哪儿放着呢？
5. 妈妈没关哪里的灯？

三、根据课文(一)填空 Fill in the Blanks According to Text(一)

今天我在图书馆借书时遇到了一个女生，因为她非常________，同学们说她是我们学校的______。她眼睛______的，头发________的，穿______一条白裙子，还戴______一个小红帽子。我觉得她又______又______。听说她学习也很好，________成绩都是班里________。

四、根据课文(二)填空 Fill in the Blanks According to Text(二)

一天，妈妈回家时发现家里______开着，门也开_____。明明说是因为奶奶觉得空调开着有点儿冷，所以也开着门。妈妈说开着空调应该______门，这样就不会________电了。妈妈关了空调，让奶奶__________去______件衬衫，不要感冒了。但是明明去洗手间时发现洗手间的灯也______着，是妈妈________关了。

yǔfǎ
语 法 Grammar

一、“着”用法(1):状态的持续 The Use of “着”(1):the Continuation of a State

门关了

门关着

灯亮了

灯亮着

1. 图书馆的门关着呢。
2. 从晚上 6 点到 12 点他房间的灯一直亮着。
3. 床上放着三件衬衣和一条裤子。
4. 玛丽手里拿着很多东西。
5. 楼下停着很多辆自行车。

错句 Wrong Sentences

* 1. 那条裤子放着床上。

* 2. 一本书放着沙发上。

注意:“V+ 着”后边不能是表示处所的词语,而应该是表示事物的词语。

Note: The objects of “V+ 着”cannot be the words indicating place, and should be the words indicating something.

总结 Summary

短暂动词后边加“着”,表示动作发生后状态的持续,常常用来描写主语是什么样子的,或者某个地方存在着什么。

The momentary verb followed by "着" indicates that the act or state is still continuing, and it is usually used to describe the subject, or the existence of something in some place.

二、形容词重叠 The Reduplication of Adjectives

形容词可以重叠，如 AA（大大、长长、高高）表示"很 A"，AABB（高高兴兴、安安静静）表示"很 AB"。例如：

Adjectives can be reduplicated , e.g., AA（大大，长长，高高）means "very A"；AABB（高高兴兴，安安静静）means "very AB".

1. 妹妹是个很漂亮的姑娘，她眼睛大大的，头发长长的。
2. 我的房间大大的，亮亮的，我很喜欢。
3. 他今天有什么好事儿？一天都高高兴兴的。
4. 图书馆总是安安静静的，我常去那儿借书。

错句 Wrong Sentences

*1. 她非常漂漂亮亮。

*2. 我的房间很干干净净。

注意：重叠后的形容词已经表示程度高，不能再用程度副词修饰。

Note: The reduplicated adjectives means a higher degree, so adverbs of degree cannot be used to describe them.

zōnghé liànxí 综合练习 Comprehensive Exercises

一、朗读练习 Read Aloud

1. 她穿着一件红衣服。
2. 我的手机开着呢。
3. 教室的灯亮着呢。
4. 她很漂亮，个子高高的，眼睛大大的。
5. 他的房间总是干干净净的。

二、词语应用 Word Application

（一）选词填空 Choose the Proper Words to Fill in the Blanks

见面 发现 关 让 借 放 遇到 刚才

1. 明明，你去看看洗手间的灯________了没有。
2. 你去图书馆________了什么好书？
3. 昨天在超市我________了一个几年没有见面的老同学。
4. 班长去哪儿了？________他还在教室里啊。
5. 我什么时候才能跟你________呢？
6. 王老师桌子上________着三本书和一本词典。
7. 同屋病了，他________我帮他去食堂买午饭。
8. 妈妈，我________你忘了关洗手间的灯了。

（二）选择填空 Choose the Right Words to Fill in the Blanks

1. 聪明的学生学习________很好。

   A. 不一定　B. 也　C. 再　D. 还

2. 这次______，你的成绩怎么样？

   A. 会议　B. 感冒　C. 考试　D. 出差

3. 这几天天气很冷，他每天都______帽子。

   A. 戴　B. 穿　C. 改　D. 想

4. 空调开着有点儿冷，奶奶您______条长裤子吧。

   A. 戴　B. 穿　C. 改　D. 想

5. 洗手间的______亮着呢，是谁刚才没关啊？

   A. 花　B. 脚　C. 灯　D. 草

三、语法练习 Grammar Exercises

（一）替换 Substitution Drills

1. A：床上 放着什么？

   B：床上 放着 几件衣服。

桌子上	放着	三瓶牛奶
楼下	停着	很多辆自行车
玛丽	拿着	两本书
老师手里	拿着	学生的作业本
黑板上	写着	很多汉字

2. A：妹妹穿着什么？

B：她穿着 一条长长的红裙子。

穿着	一件白衬衫
穿着	一条黑裤子
戴着	一个红帽子
戴着	一块手表

3. A：空调开（关）着呢吗？

B：开（关）着呢。

学校大门	你的手机
宿舍的灯	你的电脑

4. A：你觉得校花儿怎么样？

B：她 个子高高的，头发长长的。

他	个子高高的	眼睛大大的
这个房间	大大的	亮亮的
他女朋友	皮肤白白的	眼睛大大的

（二）组句 Construct Sentences

1. 跟他　　我最近　　想　　见面

____

2. 着　　放　　在桌子上　　呢　　苹果

____

3. 遇到了　　张经理　　在　　楼下的花园　　我

____

4. 戴　　一个　　妹妹　　着　　漂亮的红帽子

____

5. 浪费　　要　　大家　　不　　水和电

____

（三）用“着”“了”填空　Fill in the Blanks with “着” or “了”

1. 昨晚我在超市买______很多东西。
2. 同屋上午去图书馆借______三本书。
3. 我看见他手上戴______一块很大的手表。
4. 上星期六的新年晚会上，玛丽唱______一首英文歌。
5. 苹果都在桌子上放______呢。
6. 他房间的灯关______呢，他还没有回来啊。
7. 你手机开______呢吗？借我用一下儿，我打个电话。
8. 昨晚我没吃饭，只喝______一瓶啤酒。
9. 我每天下______课就回宿舍。
10. 我给你买来______一件礼物，你看看喜欢不喜欢。

（四）用“动词＋着”填空　Fill in the Blanks with “Verb+ 着”

1. 办公室的门______，经理已经下班了。
2. 他的衣服上______几个英文字，我不知道是什么意思。
3. 今天同屋______一个红帽子，很漂亮。
4. 哥哥房间的灯还______，他一定还在工作。
5. 晚饭都在饭桌上______呢，你现在想吃吗？
6. 宿舍楼前边______几辆汽车。
7. 校花儿上身______一件花衬衫，下边______一条短裙。

（五）改错句　Correct the Sentences

1. 我的女朋友每天都非常漂漂亮亮的。

____

2. 我喜欢去图书馆，我觉得那儿总是很安安静静的。

____

3. 我刚买了很多水果，都放着在桌子上呢。

____

4. 爸爸已经病着一个多星期了。

____

5. 教室的门开了呢，学生们已经下课了。

____

6. 我睡觉的时候，我的手机常常关了。

____

（六）课堂活动 Activities

1. 由一位学生先指定另一位学生，然后大家用“重叠形容词”对这位学生进行描述，看谁说得好、说得多。

One student appoints another one, and then other students describe this appointed student with “reduplicated adjectives”. Please try your best to make as many correct sentences as possible.

2. 先由一位学生说出一个带“坐着、站着、拿着、开着、关着、亮着”的句子，再由另一位学生根据句意表演出来。

One student makes a sentence with “坐着，站着，拿着，开着，关着 or 亮着”, and another one acts upon the sentence.

四、看图，用词造句 Make Sentences with the Given Words According to the Pictures

借______________________________

成绩______________________________

戴________________________________

亮________________________________

浪费______________________________

五、阅读理解　Reading Comprehension

1. 有个人走进了一家饭馆儿。他不认识字，就指着菜单上说："要这个。"服务员拿来一碗水，他又指着一行字说："还要这个。"服务员拿来的还是一碗水。他一看还是水，就又指着一行字说："这个。"服务员一看就笑了，说："这个不能吃，这是我们饭馆儿的名字。"

★这个人为什么吃不到饭？（　　）

A. 服务员不好　　B. 饭菜不好吃　　C. 他不认识字

2. 李红和我住得很近，从小学、中学到大学我们俩一直是同学也是好朋友。大家都说她很漂亮，她个子高高的，眼睛大大的，又聪明又努力，所以学习成绩也很好。她从小就想当一名大学老师，我希望她的理想能实现。

★李红的理想是什么？（　　）

A. 大学校长　　　　B. 中学老师　　　　C. 大学老师

六、汉字书写　Write the Chinese Characters

看下面的汉字部件，两两组合后注音，并抄写。

Look at the following Chinese character components and combine them in pairs to form characters. Write down the pinyin of the characters and copy the characters.

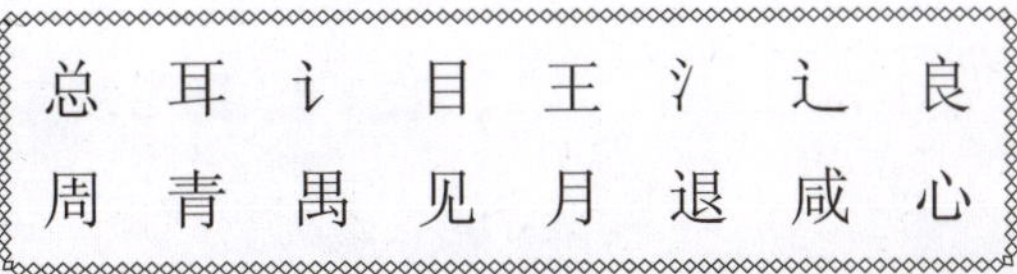
总　耳　讠　目　王　氵　辶　良

周　青　禺　见　月　退　咸　心

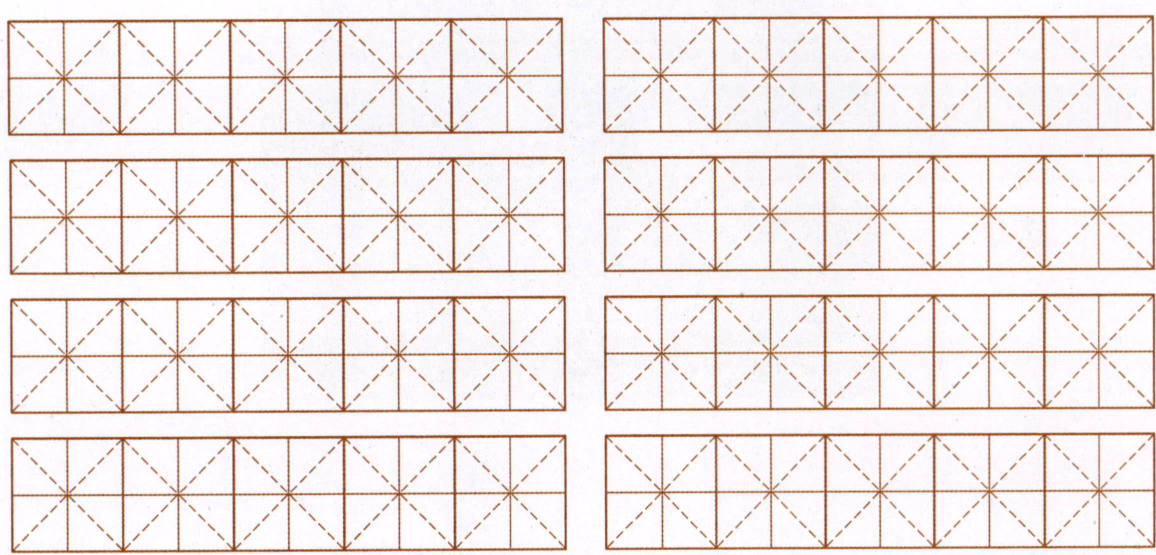

dì shíyī kè

第十一课

Tā shǒu lǐ názhe yì bǎ sǎn

他手里拿着一把伞

shēngcí

生词 New Words

1	河	hé	名	river	一条河
2	树	shù	名	tree	大树；小树
3	棵	kē	量	(a classifier for plants)	一棵大树
4	伞	sǎn	名	umbrella	红色的伞
5	把	bǎ	量	(a classifier for tools with a handle)	两把伞
6	安静	ānjìng	形	quiet	他很安静
7	种	zhòng	动	to plant	种树
8	拿	ná	动	to take; to fetch; to bring	拿书；拿钱
9	画	huà	动	to draw; to paint	

10	画家	huàjiā	名	painter; artist	他是画家
11	老	lǎo	形	old	老人
12	突然	tūrán	副	suddenly	
13	几乎	jīhū	副	almost; nearly	
14	位	wèi	量	(a classifier for people to show respect)	一位画家
15	眼镜	yǎnjìng	名	glasses	戴着眼镜

kèwén
课 文 Text

Huāyuán lǐ de lǎorén
(一)花 园 里 的 老 人

Wǒ jiā fùjìn yǒu yì tiáo xiǎo hé, héshuǐ hěn gànjìng. Hé biān
我家附近有一条小河，河水很干净。河边

yǒu yí ge bú dà de huāyuán. Huāyuán suīrán bú dà, dàn huánjìng búcuò.
有一个不大的花园。花园虽然不大，但环境不错。

Yuán lǐ yǒu hǎo jǐ kē hěn gāodà de shù, shù xià zhòngzhe hěn duō
园里有好几棵很高大的树，树下种着很多

piàoliang de huācǎo. Wǒ cháng xǐhuan lái zhèli sànbù, zhè jǐ tiān
漂亮的花草。我常喜欢来这里散步，这几天

wǒ zhùyì dào yí wèi dàizhe yǎnjìng de lǎorén, tā jīhū měi tiān
我注意到一位戴着眼镜的老人，他几乎每天

dōu lái, měi cì lái shǒu lǐ zǒngshì názhe yì bǎ sǎn hé yí ge xiǎo bāo.
都来，每次来手里总是拿着一把伞和一个小包。

Zǒujìn huāyuán hòu, lǎorén jiù zhǎo yí ge ānjìng de dìfang zhànzhe,
走进花园后，老人就找一个安静的地方站着，

bù hé biérén shuōhuà, zhǐshì kànzhe huāyuán lǐ de rén. Yǒushí zhànzhe
不和别人说话，只是看着花园里的人。有时站着

zhànzhe tā huì tūrán cóng bāo lǐ náchū qiānbǐ, zài běnzǐ shang
站着他会突然从包里拿出铅笔，在本子上

xiězhe, huàzhe, kǒu zhōng hǎoxiàng hái shuōzhe shénme. Wǒ kànzhe
写着、画着，口中好像还说着什么。我看着

lǎorén, xīnxiǎng, zhè wèi lǎorén shì zuò shénme gōngzuò de ne?
老人，心想，这位老人是做什么工作的呢？

Tā shì wèi lǎoshī háishì wèi huàjiā?
他是位老师还是位画家？

生　词　New Words

shēngcí

16	中间	zhōngjiān	名	middle; center	草地中间
17	说话	shuōhuà	离	to talk	正在说话
18	高	gāo	形	tall; high	很高
19	进	jìn	动	to enter	进来
20	晴	qíng	形	sunny; fine; clear (weather)	晴天
21	休息	xiūxi	动	to have a rest	休息一下儿
22	努力	nǔlì	形	hardworking	学习努力
23	热情	rèqíng	形	enthusiastic; warm-hearted	老师很热情
24	完成	wánchéng	动	to finish; to complete	完成工作
25	躺	tǎng	动	to lie down	躺着
26	讲	jiǎng	动	to tell; to speak	讲汉语
27	故事	gùshi	名	story	讲故事

kèwén
课文 Text

Tāmen zài cǎodì shang zuòzhe, liáozhe
(二)他们在草地上坐着,聊着

Jiàoxuélóu qián de cǎodì hěn dà, wánchéng yì tiān de gōngzuò hòu
教学楼前的草地很大;完成一天的工作后

wǒ cháng xǐhuan dào zhèli lái xiūxi yíxiàr. Wǒ měi cì lái dōu
我常喜欢到这里来休息一下儿。我每次来都

huì kàn dào cǎodì shang yǒu hěn duō rén. Tāmen yǒu de zài cǎodì shang zuòzhe,
会看到草地上有很多人。他们有的在草地上坐着、

liáozhe, yǒu de názhe shū zài cǎodì shang dúzhe. Tiān qíng de shíhou,
聊着,有的拿着书在草地上读着。天晴的时候,

hái néng kàndào yǒu rén zài cǎodì shang tǎngzhe, tīngzhe yīnyuè huòzhě
还能看到有人在草地上躺着,听着音乐或者

chīzhe dōngxi. Cǎodì zhōngjiān hái yǒu yí ge "Yīngyǔjiǎo", měi dào zhōuliù
吃着东西。草地中间还有一个"英语角",每到周六

xiàwǔ, cháng yǒu bù shǎo dàxuéshēng qù nàr, tāmen yòng Yīngyǔ
下午,常有不少大学生去那儿,他们用英语

rèqíng de liáozhe tiānr, jiǎngzhe gùshi. Měi gè rén dōu hěn rènzhēn
热情地聊着天儿,讲着故事。每个人都很认真

nǔlì.
努力。

zhùshì
注释 Notes

几乎(almost; nearly)

(1)我在这个学校学了三年了,几乎认识这里的每一位老师。

(2)这星期天气非常不好,每天几乎都下雨。

kèwén lǐjiě
课文理解 Text Comprehension

一、根据课文(一)回答问题 Answer the Following Questions According to Text(一)

1. 花园的环境怎么样?

2. 老人来公园时手里总是拿着什么?

3. 老人在公园和别人聊天儿吗？

4. 老人在公园里做什么？

5. 我为什么觉得那位老人有意思？

二、根据课文（二）回答问题　Answer the Following Questions According to Text（二）

1. 我常常什么时候去楼下的草地？

2. 我看到有人在草地上做什么？

3. 草地中间有个什么？

4. 大学生在“英语角”做什么？

三、根据课文（一）填空　Fill in the Blanks According to Text（一）

我家附近有一条________，河水很干净。河边有一个不大的花园。花园虽然不大，但______不错。花园里有好几棵很高大的______，树下______着漂亮的花草。这几天早上在花园里______时我注意到一个戴着______的老人，他几乎每天都来，每次来手里总是_____着一把伞和一个小包。

四、根据课文（二）填空　Fill in the Blanks According to Text（二）

我每次来都会看到草地上有很多人。他们有的在草地上_____着、聊着，有的拿着书在草地上_____着。天晴的时候，还能看到有人在草地上______着，听着音乐或者吃______东西。草地中间还有一个“英语角”，每到周六下午，常有不少大学生去那儿，他们用英语聊着天儿，______着故事。每个人都很认真。

语法 Grammar

(yǔfǎ)

一、“着”用法（2）：动作的持续　The Use of “着”（2）：the Continuation of an Act

1. 他们笑着，跑着，很开心。

2. 我骑着自行车呢，不能打手机。

3. 妈妈做着饭呢，一会儿就好。

总结 Summary

持续性动词后面加“着”表示动作在持续中，常和“呢”一起使用，用来描写场景或动作的状态。

A continuous verb followed by “着” indicates that an action is in progress or continuing. It is often used together with “呢” to describe the state of a scene or an action.

zōnghé liànxí
综合练习 Comprehensive Exercises

一、朗读练习 Read Aloud

1. 银行的门开着呢，里面的灯也亮着呢。
2. 妈妈在做着早饭呢。
3. 老人戴着帽子，手里拿着一支铅笔。
4. 很多人在草地上坐着、聊着。
5. 楼下停着几辆自行车。
6. 妈妈吃着饺子，爸爸喝着茶。

二、词语应用　Word Application

（一）选词填空　Choose the Proper Words to Fill in the Blanks

伞　安静　突然　树　故事　老　高　种

1. 我们正上着听力课，教室的门________开了。
2. 玛丽的房间又干净又________，我常去那儿和她聊天儿。
3. 这几年我发现妈妈________了，她常常忘事情。
4. 每天晚上睡觉前，我都给儿子讲________。
5. 谁知道我那把红色的________在哪儿？
6. 校花儿个子________的，眼睛大大的，真的很漂亮。
7. 这________手机很不错，但是太贵了。
8. 有时候，我常喜欢坐在一棵大________下读书。

（二）选择填空　Choose the Right Answer to Fill in Each Blank

1. 我喜欢去那个花园，里面有很多______高大的树。

   A. 棵　B. 件　C. 条　D. 个

2. 那个戴着______的男人是谁？

   A. 环境　B. 干净　C. 眼镜　D. 眼睛

3. 这星期我很忙，星期六也不能______。

   A. 工作　B. 散步　C. 聊天　D. 休息

4. 那位老人在本子上画着什么，______一个画家。

   A. 好像　B. 好久　C. 好长　D. 好多

5. 玛丽回房间______口语书去了。

   A. 说　B. 改　C. 拿　D. 给

6. 你看，妹妹______的这个花园多漂亮啊！

   A. 说　B. 画　C. 拿　D. 给

7. 你不要吃了饭就在床上______着，这个习惯不好。

   A. 说　B. 躺　C. 做　D. 听

三、语法练习　Grammar Exercise

(一)替换　Substitution Drills

1. A:玛丽在做什么呢?

   B:她读着今天的晚报呢。

妈妈	做	早饭
张老师	上	课
妹妹	喝	可乐
朋友	讲	故事

2. A:妹妹正在读着什么呢?

   B:她正在读着 一本故事书呢。

写着	第五课的生词
听着	音乐
画着	一个小花园
吃着	面包

3. A:老师 休息着呢?

   B:没有,老师 工作着呢。

妈妈	躺	坐
经理	听	睡
那位老人	坐	站
麦克	吃	喝

(二)组句　Construct Sentences

1. 有　小河　附近　一条　我家

____

2. 着　音乐　在宿舍里　听　他们

____

3. 这些　不认识　生词　几乎　我

____

4. 花园　　非常不错　　环境　　楼下的

____

5. 英语　　聊着天儿　　大学生　　很多　用

____

（三）用"着""了"填空　Fill in the Blanks with "着" or "了"

1. 上周六我和朋友去书店买______好几本英文书。
2. 同屋上午去图书馆借______三本书。
3. 他们坐在教室里写______新学的生词。
4. 昨天晚上，玛丽给我讲______一个故事。
5. 妈妈在做什么？她是在超市买______东西吗？
6. 今天天气很好，朋友们都去草地上坐______。
7. 你休息______呢？我现在给你打个电话可以吗？
8. 我看到玛丽喝______茶，在和她妹妹说话呢。
9. 我到______北京就给你打电话。
10. 那位老人拿______铅笔，在本子上画着什么。

（四）用"动词＋着"填空　Fill in the Blanks with "Verb+ 着"

1. 妈妈和朋友们在房间里______茶呢。
2. 他一上午都在______呢。
3. 那位老人______铅笔，在本子上______。
4. 哥哥房间的灯还______，他一定还在工作。
5. 晚饭后爸爸在床上______，______报纸。
6. 姐姐给妹妹______故事呢。

（五）改错句　Correct the Sentences

1. 他是好学生，每天都来几乎上课。

____

2. 天气好的时候，我发现不少人在草地上坐了聊天。

____

3. 请安静，他们正上了口语课呢。

____

4. 他俩从八点到九点，一直在聊天儿着。

____

5. 爸爸睡觉着呢，你们去外边玩儿吧。

____

6. 经理已经去公司上班着了。

____

（六）课堂活动　Activities

先由一位学生说出一个带"吃着、喝着、读着、看着、听着、做着"的句子，再由另一位学生根据句意表演出来。

One student makes a sentence with "吃着，喝着，读着，看着，听着 or 做着", and another one acts upon the sentence.

四、看图，用词造句　Make Sentences with the Given Words According to the Pictures

热情___________________________________

晴___________________________________

棵___________________________________

故事________________________________

五、阅读理解　Reading Comprehension

爷爷不听大家的话，一定要去住养老院。可是，要是有儿有女去住养老院别人会笑话的。爷爷对大家说：“我的儿女个个都好，但老人和年轻人生活习惯不一样，孩子们工作又都很忙，为什么一定要住在一起呢？”大家都觉得爷爷说的也对，我们只好让他住进了养老院。

★爷爷住养老院的原因是（　　）。

A. 没有儿女　　B. 儿女不好　　C. 爷爷自己想去

六、汉字书写　Write the Chinese Characters

看下面的汉字部件，两两组合后注音，并抄写。

Look at the following Chinese character components and combine them in pairs to form characters. Write down the pinyin of the characters and copy the characters.

钅　讠　竟　氵　木　可　果　宀

舌　青　攵　争　对　古　木　豕

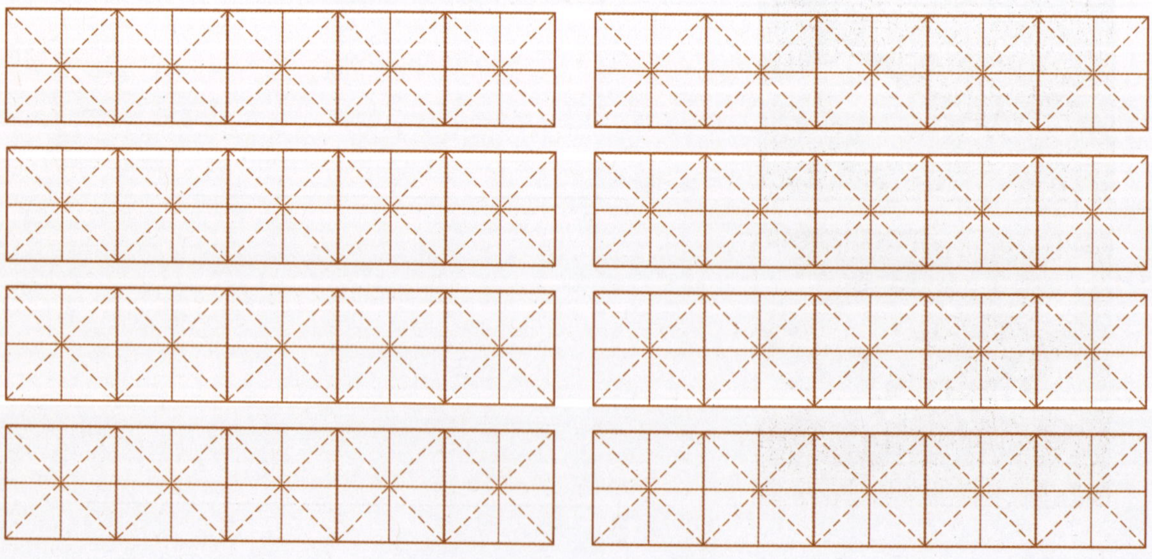

dì shí'èr kè

第十二课

Wǒ qù chāoshì mǎile hěn duō dōngxi

我去超市买了很多东西

shēngcí

生 词 New Words

1	电梯	diàntī	名	elevator; lift	
2	坏	huài	形	bad; to break down	电梯坏了
3	冰箱	bīngxiāng	名	icebox; refrigerator	一台冰箱
4	啤酒	píjiǔ	名	beer	喝啤酒
5	厨房	chúfáng	名	kitchen	妈妈在厨房
6	蛋糕	dàngāo	名	cake	生日蛋糕
7	经过	jīngguò	动	to pass by	经过学校
8	其他	qítā	代	other; else	其他东西
9	疼	téng	形	to ache	头很疼
10	饮料	yǐnliào	名	beverage	喝饮料
11	极	jí	副	extremely	好极了

12	面包	miànbāo	名	bread	一个面包
13	事情	shìqing	名	thing	做事情

kèwén

课 文 Text

Diàntī yòu huài le

(一)电梯又坏了

(Wǎnfàn qián, qīzi zài lóu xià gěi zài jiā de zhàngfu dǎ diànhuà)
(晚饭前,妻子在楼下给在家的丈夫打电话)

Qīzi: Wáng Gāng, wǒ zài lóu xià ne, diàntī yòu huài le, nǐ xiàlai jiē wǒ ba, wǒ gāngcái qù chāoshì mǎile hěn duō dōngxi.
妻子:王刚,我在楼下呢,电梯又坏了,你下来接我吧,我刚才去超市买了很多东西。

Zhàngfu: Hǎo, wǒ mǎshàng xiàqu, nǐ děngzhe.
丈夫:好,我马上下去,你等着。

Qīzi: Xiàlái la. Nǐ ná píjiǔ, xīguā hé zhèxiē yǐnliào, qítā de dōngxi wǒ ná ba.
妻子:下来啦。你拿啤酒、西瓜和这些饮料,其他的东西我拿吧。

Zhàngfu: Nǐ mǎile zhème duō dōngxi a?
丈夫:你买了这么多东西啊?

Qīzi: Zhōngwǔ wǒ jìn chúfáng zuò fàn, fāxiàn bīngxiāng lǐ jīdàn hé cài dōu méi le, miànbāo hé píjiǔ yě bù duō le. Nǐ xià bān hòu zuòle shénme?
妻子:中午我进厨房做饭,发现冰箱里鸡蛋和菜都没了,面包和啤酒也不多了。你下班后做了什么?

Zhàngfu: Wǒ huí jiā shí jīngguò "Měilè" dàngāo diàn, mǎile yí ge dà dàngāo.
丈夫:我回家时经过"美乐"蛋糕店,买了一个大蛋糕。

Qīzi: Dàngāo? Jīntiān shì zánliǎng shuí de shēngrì a?
妻子:蛋糕?今天是咱俩谁的生日啊?

Zhàngfu: Jīntiān shì wǔ yuè shíbā rì, nǐ xiǎngxiang shì shénme rìzi? Nǐ xiān xiūxi yíhuìr, wǒ qù zuò wǎnfàn.
丈夫:今天是5月18日,你想想是什么日子?你先休息一会儿,我去做晚饭。

Qīzi: Duì, jīntiān shì zánmen de jiéhūn jìniànrì a! Tài hǎo le!
妻子：对，今天是咱们的结婚纪念日啊！太好了！
Suīrán xiànzài wǒ lèi jí le, jiǎo yě téng, dàn wǒ hé nǐ
虽然现在我累极了，脚也疼，但我和你
yìqǐ zuò jiéhūn jìniànrì de wǎnfàn ba.
一起做结婚纪念日的晚饭吧。

shēngcí
生词 New Words

14	变化	biànhuà	动 / 名	to change; change	很大的变化
15	简单	jiǎndān	形	simple	很简单
16	后来	hòulái	副	later; afterwards	
17	轻	qīng	形	light	非常轻
18	出现	chūxiàn	动	to appear	出现了变化
19	筷子	kuàizi	名	chopsticks	会用筷子
20	终于	zhōngyú	副	finally	终于学会了
21	留学	liúxué	动	to study abroad	去中国留学
22	离开	líkāi	动	to leave	离开家
23	教	jiāo	动	to teach	教汉语
24	米饭	mǐfàn	名	rice	吃米饭
25	高兴	gāoxìng	形	happy	高兴极了
26	年	nián	名	year	半年多

kèwén
课 文 Text

Wǒ xuéhuì yòng kuàizi chī fàn le
（二）我学会用筷子吃饭了

Wǒ lái Zhōngguó liúxué yǐjīng bàn nián duō le, wǒ de shēnghuó chūxiànle
我来中国留学已经半年多了，我的生活出现了
hěn duō biànhuà. Zuì dà de biànhuà shì wǒ zhōngyú xuéhuì yòng kuàizi
很多变化。最大的变化是我终于学会用筷子
le. Gāng lái shí wǒ kàndào Zhōngguórén yòng kuàizi chī fàn, nà yì
了。刚来时我看到中国人用筷子吃饭，那一
shuāngshuāng xiǎoxiǎo de kuàizi zài wǒ kànlái hěn yǒu yìsi. Kāishǐ shí
双双小小的筷子在我看来很有意思。开始时
wǒ juéde kuàizi yòu xiǎo yòu qīng, xuéhuì yòng tā yídìng hěn róngyì,
我觉得筷子又小又轻，学会用它一定很容易，
hòulái wǒ cái zhīdào qíshí yìdiǎnr yě bù jiǎndān. Wǒ ràng rèqíng
后来我才知道其实一点儿也不简单。我让热情
de Zhōngguó péngyou jiāo wǒ, méi shìqing de shíhou zìjǐ jiù nǔlì
的中国朋友教我，没事情的时候自己就努力
liànxí. Xiànzài wǒ néng yòng kuàizi chī mǐfàn, jiǎozi, hái néng chī
练习。现在我能用筷子吃米饭、饺子，还能吃
miàntiáor ne. Wǒ hěn gāoxìng. Wǒ xiǎng, dāng wǒ líkāi Zhōngguó yǐhòu,
面条儿呢。我很高兴。我想，当我离开中国以后，
wǒ yào jiāo wǒ de jiālǐrén yě xuéhuì yòng kuàizi.
我要教我的家里人也学会用筷子。

zhùshì
注 释 Notes

1. 极了(extremely)

（1）每年到了七月底，天气真的热极了。

（2）今天早饭没吃，现在觉得饿极了。

2. 后来(later; afterwards)

（1）一开始我觉得用筷子很容易，后来才知道其实不简单。

（2）刚来时我不习惯这里的生活，后来都习惯了。

课文理解 Text Comprehension

kèwén lǐjiě

一、根据课文(一)回答问题 Answer the Following Questions According to Text(一)

1. 妻子为什么让丈夫去楼下接她？
2. 妻子下班后做了什么？
3. 妻子在超市买了什么？
4. 丈夫下班后做了什么？

二、根据课文(二)回答问题 Answer the Following Questions According to Text(二)

1. 我来中国多长时间了？
2. 来中国后我最大的变化是什么？
3. 一开始我觉得用筷子吃饭很容易还是很难？
4. 现在我学会用筷子了吗？水平怎么样？

三、根据课文(一)课文 Fill in the Blanks According to Text(一)

妻子下班后去超市买____很多东西。到家后她发现楼里的______又坏了，她让______下楼接她，丈夫拿______、西瓜和饮料。丈夫下班后买了一个大______。虽然妻子觉得累______，但是也想和丈夫一起________。

四、根据课文(二)课文 Fill in the Blanks According to Text(二)

我来中国______已经半年多了，我的生活出现了很多______。最大的变化是我终于学会用______了。开始时我觉得筷子又小又______，学会用它一定很容易，后来我才知道其实一点儿也不________。我让热情的中国朋友______我。现在我能________筷子吃饭了。我很________。

yǔfǎ

语 法 Grammar

连动句(2) Sentences with Serial Verbal Phrases (2)

(A)方式连动句 Manner Sentences with Serial Verbal Phrases

(我们怎么去北京?)——我们坐火车去北京。

(她怎么看书?) ——她坐在椅子上看书。

(弟弟怎么写汉字?)——弟弟用铅笔写汉字。

(你们怎么聊天儿?)——我们常常用英语聊天儿。

错句 Wrong Sentences

* 1. 我告诉他打电话。

* 2. 我们常常聊天儿用英语。

总结 Summary

上面这些句子里有两个动词,后面的动词表示主语做什么事儿,前面的动词说明主语做事情的方式。两个动词不能颠倒顺序。

There are two verbal phrases in the sentences above. The latter verb indicates the action that the subject does, while the former one indicates the manner in which the subject gets the thing done. The order of the two verbs cannot be reversed.

(B)连动句中"了"的位置 The Positions of "了" in the Sentences with Serial Verbal Phrases

1. 我昨天去书店买书了。

2. 我昨天去书店买了两本书。

错句 Wrong Sentences

* 1. 我昨天去了书店买书。

* 2. 我打了电话告诉他。

总结 Summary

连动句如果表示已经发生的事情,需要加"了"。"了"不能放在第一个动词后面,而应该放在第二个动词后面或者句子的末尾。

If a sentence with serial verbal phrases indicates something has already happened, "了" needs to be added. "了" can not be used after the first verb, and it should be put after the second verb or at the end of the sentence.

zōnghé liànxí

综合练习 Comprehensive Exercises

一、朗读练习 Read Aloud

1. 我去超市买了很多东西。
2. 他常常用汉语跟中国朋友聊天儿。
3. 玛丽去图书馆借了三本英文书。
4. 现在我每天像中国人一样用筷子吃饭。
5. 妹妹用电脑给国外的男朋友写信。
6. 他们坐飞机去中国学汉语。
7. 姐姐和朋友们坐火车去上海旅行。

二、词语应用 Word Application

(一)选词填空 Choose the Proper Words to Fill in the Blanks

累　简单　米饭　留学　教　热情　坏　轻

1. 我发现学会用筷子一点儿也不________。
2. 楼里的电梯怎么又________了？我们走上去吧。
3. 上个月新认识的中国朋友是个很________的人。
4. 我非常喜欢吃________，几乎每天都吃。
5. 你要是觉得太________，就去睡会儿吧。
6. 你的汉语真不错，谁________的？
7. 我刚到中国时以为又小又________的筷子很容易用。
8. 我想去中国________，学习汉语。

(二)选择填空 Choose the Right Answer to Fill in Each Blank

1. 一开始我觉得语法很难，________我发现一点儿也不难。

   A. 以后　B. 后来　C. 后面　D. 以前

2. 老师，今天我头很________，不能去上课了。

   A. 疼　B. 坏　C. 轻　D. 高

3. ________北京以后，我在天津工作了三年。

A. 工作　B. 散步　C. 离开　D. 休息

4. 妹妹要去中国留学了，她非常________。

A. 好像　B. 好久　C. 好长　D. 高兴

5. 今天是爸爸的生日，我买了一个漂亮的________。

A. 蛋糕　B. 改　C. 拿　D. 给

6. 没事情做不忙的时候，我就________练习用筷子。

A. 说　B. 努力　C. 拿　D. 给

7. 这个周末我有很多________要做。

A. 说　B. 事情　C. 做　D. 听

三、语法练习　Grammar Exercises

（一）替换　Substitution Drills

1. A：麦克去超市 买了什么？

B：买了 三瓶啤酒和两个面包。

去银行	换了	五百美元
去图书馆	借了	三本书
回宿舍	拿了	一件衣服
来中国	学了	汉语

2. A：你喜欢用筷子吃饭还是用勺子吃饭？

B：用筷子吃饭。

用电脑写信	用笔写信
用汉语说	用英语说
跟老师学习	自己学习
去超市买水果	去商店买水果

3. A：你们怎么去上海？

B：我们坐火车去。

去花园　　走路去
去超市　　打车去
去图书馆　　骑车去
去哈尔滨　　坐飞机去

(二)组句 Construct Sentences

1. 坏　电梯　又　楼里的　了

____

2. 去蛋糕店　大蛋糕　买了　丈夫　一个

____

3. 离开　已经　半年多了　中国　我

____

4. 热情的　教我　用　中国朋友　筷子

____

5. 发现　不太　妹妹今天　高兴　我突然

____

(三)把所给词语放在适当位置 Put the Words in Brackets at the Proper Positions

1. 麦克上午骑 A 车去 B 图书馆借 C 三本书 D。(了)
2. 妈妈 A 正在 B 厨房 C 做 D 早饭呢。(着)
3. 丈夫下 A 班后去 B 超市买 C 几瓶啤酒 D。(了)
4. 开始 A 我不习惯这儿 B 的天气,C 我习惯了。(后来)
5. 现在 A 我的脚疼 B,你先做 C 晚饭吧。(极了)
6. 我 A 在那儿住了 B 很多年,C 认识 D 每个人。(几乎)

(四)改错句 Correct the Sentences

1. 同学们借了很多书去图书馆。

____

2. 我们聊天儿用汉语和中国朋友。

____

3. 现在我吃面条儿能用筷子了。

____

4. 玛丽回国了坐飞机。

____

5. 妈妈去了商店买了很多苹果。

____

6. 我和朋友都学习汉语来中国了。

____

四、看图，用词造句　Make Sentences with the Given Words According to the Pictures

疼______________________________

轻______________________________

教______________________________

离开______________________________

五、阅读理解 Reading Comprehension

我奶奶生于 1921 年，今年已经 79 岁了。她年轻时非常漂亮，是个爱说爱笑的女孩儿，别人有困难的时候她也常常去帮助别人。听人说她年轻时喜欢她的人非常多。

★根据这段话，去年是（　　）。

A. 2001 年　　B. 1999 年　　C. 2000 年

六、汉字书写 Write the Chinese Characters

看下面的汉字部件，两两组合后注音，并抄写。

Look at the following Chinese character components and combine them in pairs to form characters. Write down the pinyin of the characters and copy the characters.

攵	田	羔	米	斗	木	饣	糸
口	孝	卑	不	米	攵	土	弟

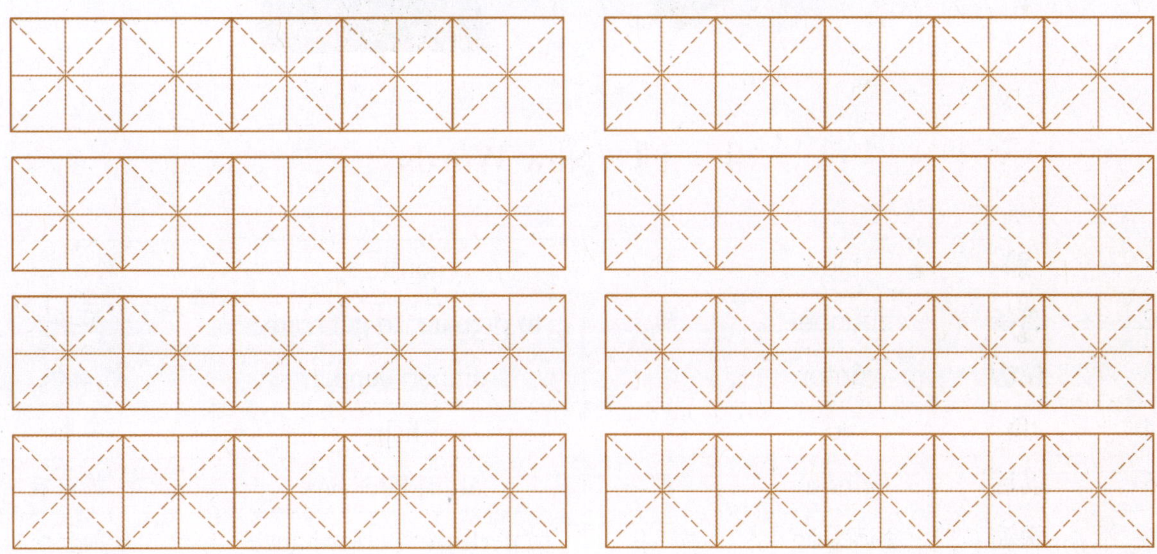

dì shísān kè

第十三课

Qíguài de xíguàn

奇怪的习惯

shēngcí

生词 New Words

1	别	bié	副	don't ...	别客气
2	准备	zhǔnbèi	动	to prepare; to get ready	准备早饭
3	晚饭	wǎnfàn	名	dinner; supper	吃晚饭
4	鱼	yú	名	fish	买鱼
5	以后	yǐhòu	名	after; later on	吃饭以后
6	表演	biǎoyǎn	动 / 名	to perform; performance	参加表演
7	体育	tǐyù	名	sports; physical education	体育课
8	节目	jiémù	名	program	表演节目
9	最好	zuìhǎo	副词	best; had better...	你最好别吃了
10	当然	dāngrán	形 / 副	of course; certainly	当然可以
11	嘿	hēi	叹	(sound of laughter)	
12	明白	míngbai	形 / 动	clear; to understand	我明白了

kèwén
课文 Text

Bié kànzhe diànshì chī fàn
(一)别看着电视吃饭

Bàba: Xiǎomíng kuài lái! Zhǔnbèi chī wǎnfàn le, jīntiān māma zuò de yú, hěn hǎochī. Chīle fàn yǐhòu wǒmen qù kàn yí ge biǎoyǎn.
爸爸：小明快来！准备吃晚饭了，今天妈妈做的鱼，很好吃。吃了饭以后我们去看一个表演。

Xiǎomíng: Hǎo de.(kāi diànshì ...)
小明：好的。(开电视……)

Māma: Nǐ zěnme yòu kàn diànshì ya?
妈妈：你怎么又看电视呀？

Xiǎomíng: Wǒmen yìbiān chī fàn yìbiān kàn diànshì, jīntiān yǒu hǎokàn de tǐyù jiémù.
小明：我们一边吃饭一边看电视，今天有好看的体育节目。

Māma: Chīzhe fàn kàn diànshì shì ge bù hǎo de xíguàn, zhèyàng duì shēntǐ bù hǎo, zuìhǎo bú yào chīzhe fàn kàn diànshì.
妈妈：吃着饭看电视是个不好的习惯，这样对身体不好，最好不要吃着饭看电视。

Xiǎomíng: Nà wǒ kěyǐ kànzhe diànshì chī fàn ma?
小明：那我可以看着电视吃饭吗？

Bàba: Zhè bú shì yíyàng ma? Dāngrán bù xíng.
爸爸：这不是一样吗？当然不行。

Xiǎomíng: Hēihēi ..., nà chīzhe fàn shuōhuà kěyǐ ma?
小明：嘿嘿……，那吃着饭说话可以吗？

Māma: Zuìhǎo yě bié shuō tài duō huà.
妈妈：最好也别说太多话。

Xiǎomíng: Wǒ míngbai le. Nǐmen liǎng ge bié gēn wǒ shuōhuà le, wǒ kāishǐ chī fàn le.
小明：我明白了。你们两个别跟我说话了，我开始吃饭了。

Bàba, Māma: ... (xiào) Nǐ zhè háizi!
爸爸、妈妈：……(笑)你这孩子！

shēngcí
生 词 New Words

13	像	xiàng	动 / 副	to be like; to look as if	像孩子一样
14	站	zhàn	动	to stand	站着
15	短	duǎn	形	short	很短
16	等	děng	助	etc.	有苹果、香蕉、桔子等水果
17	嘴	zuǐ	名	mouth	一张嘴
18	睁	zhēng	动	to open (one's eyes)	睁眼睛
19	别人	biérén	名	other people	跟别人说话
20	害怕	hàipà	动	to be scared; to be afraid	害怕狗
21	敢	gǎn	动	dare	我不敢去
22	相信	xiāngxìn	动	to believe	不相信
23	以为	yǐwéi	动	to think; to consider	我以为很好

kèwén
课 文 Text

Qíguài de xíguàn
(二)奇怪的习惯

Nǐ zhīdào ma? Zài shēnghuó zhōng wǒmen huì fāxiàn hěn duō rén yǒu xiē
你知道吗?在生活中我们会发现很多人有些

qíguài de xíguàn, xiàng zǒuzhe lù kàn shū, zhànzhe chī fàn, dōngtiān
奇怪的习惯,像走着路看书、站着吃饭、冬天

xǐhuan chuānzhe duǎnkù děng. Zhèxiē xíguàn hái bú tài qíguài, yǒu de
喜欢穿着短裤等。这些习惯还不太奇怪,有的

xíguàn jiù bǐjiào qíguài le, xiàng yǒu de rén xíguàn yìbiān zǒulù
习惯就比较奇怪了,像有的人习惯一边走路

yìbiān zuǐ lǐ shuōzhe shénme, yǒu de rén yì bēi chá néng hē yì tiān,
一边嘴里说着什么,有的人一杯茶能喝一天,

yǒu de rén shuōhuà shí chángcháng shuō "zhège", "nàge" děng méiyòng
有的人说话时常常说"这个""那个"等没用

de cí, hái yǒu de rén hàipà guān dēng shuìjiào. Xiǎomíng de péngyou
的词,还有的人害怕关灯睡觉。小明的朋友

yě yǒu yí ge tèbié qíguài de xíguàn, jiùshì zhēngzhe yǎnjīng shuìjiào,
也有一个特别奇怪的习惯,就是睁着眼睛睡觉,

biérén kàndào tā huì hěn hàipà, bù gǎn xiàngxìn, yǐwéi tā hái
别人看到他会很害怕,不敢相信,以为他还

méiyǒu shuìjiào, zhèngzài xiǎng wèntí ne.
没有睡觉,正在想问题呢。

zhùshì
注 释 Notes

1. 一边……一边(while; do A and B at the same time)

(1)他喜欢一边吃饭一边看电视。

(2)我一边看书一边听音乐。

2.不是……吗(This is a rhetorical question and it does not require an answer. "不是……吗" is often used for reminding or for expressing the speaker's confusion or dissatisfaction, etc.)

(1)你不是去北京了吗?

(2)今天不是星期三吗?

3. 你这孩子！（You naughty boy!）

（1）你这孩子！太不听话了。

（2）你这孩子！怎么能这样做呢？

kèwén lǐjiě

课文理解 Text Comprehension

一、根据课文（一）回答问题 Answer the Following Questions According to Text（一）

1. 小明的妈妈今天做的什么饭？
2. 吃了晚饭他们要去干什么？
3. 小明有什么习惯？这个习惯好吗？
4. 你说说小明这个孩子怎么样。

二、根据课文（二）回答问题 Answer the Following Questions According to Text（二）

1. 课文里说的习惯奇怪吗？
2. 你觉得哪个习惯最奇怪？
3. 你或者你的朋友有没有奇怪的习惯？

三、根据课文（一）填空 Fill in the Blanks According to Text（一）

小明和爸爸妈妈准备吃__________了，吃了晚饭他们要去看____________。但是小明想_________吃饭_________看电视，妈妈说这是一个不好的__________，对__________不好，________不要吃________饭看电视。

四、根据课文（二）完成对话 Complete the Following Dialogue According to Text（二）

小明：你知道吗？有的人有一些_______的习惯。

玛丽：什么样的习惯是_______的习惯呢？

小明：很多。像有的人_______看书、_______吃饭。

玛丽：这些习惯也不太_______，我的朋友就有这样的习惯。

小明：但是有些习惯就很_______，像有的人一边走路一边_______，有的人说话时_______说“这个”“那个”。

玛丽：我的朋友也有一个________奇怪的习惯，他喜欢________睡觉，看到他睡觉，我们都很________。

语法 Grammar

yǔfǎ

表伴随状态的“着” “着” Indicating the Accompanying State

肯定式 Affirmative Form

V1 + 着 + 名词 + VP

	V1	着	名词	VP
1. 哥哥	吃	着	饭	看书。
2. 他	听	着	音乐	写作业。
3. 爸爸	喝	着	咖啡	看电视。
4. 我	走	着	路	打电话。

V1 + 着 + VP

	V1	着	VP
1. 他	站	着	写汉字。
2. 玛丽	走	着	去北京。

他______看书。

她________打电话。

错句 Wrong Sentences

* 1. 李小姐躺着看着报。

* 2. 他走着吃着汉堡包。

* 3. 我跑着去着车站。

* 4. 他打着手机上着楼。

总结　Summary

我们可以说"V+ 着 + 名词 +VP""V+ 着 +VP"。但是，我们不能说"V+ 着 +V+ 着 + 名词"。

We can say "V+ 着 +noun+VP" and "V+ 着 +VP"; however, we can NOT say "V+ 着 +V+ 着 +noun".

否定式　Negative Form

没（有） + V + 着 （+ 名词） + VP

1. 我没（有）	吃	着	饭	看书。
2. 她没（有）	躺	着		看电视。
3. 他们没（有）	骑	着	自行车	去上课。

错句　Wrong Sentences

* 1. 我吃着饭没（有）看书。

* 2. 她躺着没（有）看电视。

* 3. 他们骑着自行车没（有）去上课。

综合练习 Comprehensive Exercises
zōnghé liànxí

一、朗读练习　Read Aloud

1. 看着电视

   别看着电视吃饭。

   你别看着电视吃饭。

2. 站着

   站着吃饭。

   他习惯站着吃饭。

3. 睁着眼睛

   睁着眼睛睡觉。

   睁着眼睛睡觉是一个特别奇怪的习惯。

4. 走着

走着路看书。

他常常走着路看书。

二、选词填空　Choose the Proper Words to Fill in the Blanks

最好	以后	准备	以为	害怕	相信	当然	明白

1. 她是你的妈妈吗？我______是你的姐姐呢。
2. 他经常不来上课，能考 90 分？我不______。
3. 我是北京人，我______知道动物园在哪儿。
4. 她这些年工作很忙，所以结婚______一直没有孩子。
5. 你______多穿一件衣服，今天温度很低。
6. 同学们______好了吗？我们出发吧。
7. 妈妈很______坐飞机。
8. 他说的是什么我一点儿都不______，我不知道是他的口语不好还是我的听力不好。

三、语法练习　Grammar Exercises

（一）组句　Construct Sentences

1. 电视　看着　吃饭　个　是　坏习惯

____

2. 开着　常常　灯　我　睡觉

____

3. 晚饭以后　我们　去　吃了　看表演

____

4. 听音乐　一边　作业　写　一边　他

____

5. 有的人习惯　走路　一边　说着什么　一边

____

（二）用“V+着+名词+VP”“V+着+VP”看图说话　Describe the Pictures with the Structure of “V+着+noun+VP” or “V+着+VP”

1.

____

____

2.

____

____

3.

____

____

（三）分组练习，与自己的同伴一人朗读句子，另一个人表演　Pair Work: One Reads the Sentences Aloud and the Other One Performs upon What His/Her Partner Says

1. 昨天我去他的宿舍了，他正在躺着看书呢。
2. 他常带着帽子来上课。
3. 我喜欢听着音乐开车。
4. 今天天气很热，我们要开着门上课。
5. 他的汽车坏了，今天他骑着自行车去上课。
6. 我们班的老师都是站着给我们上课。

(四)判断句子对错,错误的请改正 Judge the Following Sentences True or False, and Correct the Incorrect Sentences

1. 他常常站着吃着饭。 ( )
2. 我哥哥看电视写着作业。 ( )
3. 我走着路没有打电话。 ( )
4. 他听着听着音乐睡觉。 ( )
5. 爷爷站着说着话。 ( )
6. 老师让我们听着三个小时录音。 ( )

(五)课堂活动 Activities

1. 使用下列词语组句,完成后请读给大家听。

Make sentences with the following words and then read the completed sentences to the class.

听 跑步 站 写 打电话 吃饭 唱歌 躺 喝茶 说话 看电视 骑车 背包	着	聊天 写作业 学习 走路 工作 锻炼 上网 刷牙 洗澡 旅行 逛街 散步

句子 1:________________

句子 2:________________

句子 3:________________

句子 4:________________

句子 5:________________

句子 6:________________

句子 7:________________

2. 请用"V+ 着 + 名词 +VP"或"V+ 着 +VP"说说班里学生在做什么,然后把句子写出来。

Talk about what your classmates are doing with the structure of"V+ 着 +noun+VP" or"V+ 着 +VP" and then write down the sentences.

学生姓名	他 / 她在干什么?

四、看图，用词造句　Make Sentences with the Given Words According to the Pictures

1.

表演________________________________

2.

电视________________________________

3.

明白________________________________

4.

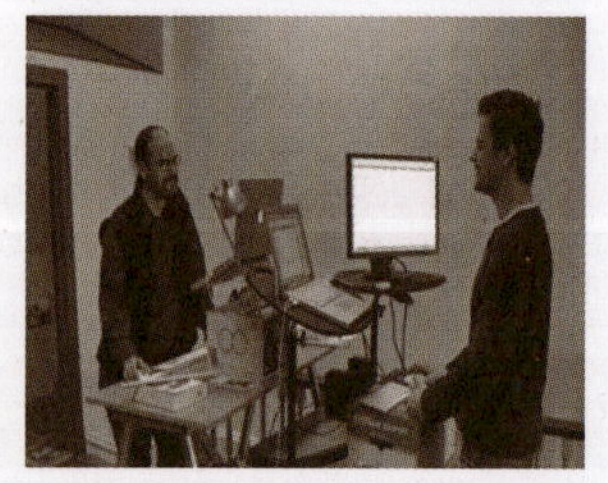

站着________________________________

五、阅读理解　Reading Comprehension

驴子的习惯

儿子和父亲常常赶着驴子去山上砍柴，父亲的驾车技术很好，所以每次都是他驾车。但是父亲眼睛不好，每次转弯的时候儿子都会说："爹，该拐了。"然后父亲就赶着驴说："驾驾驾，吁吁吁。"驴子很听话，就转弯了。

有一天父亲生病了，儿子自己驾车去山上砍柴，到拐弯的时候，驴子停下了，说什么也不走了，儿子着急地喊着："驾驾驾，吁吁吁。"可是驴子还是不走，儿子越来越着急，真的没有办法。后来，他便趴到驴耳朵旁，低声说："爹，该拐了。"那驴子听后，马上就拐弯了。

★转弯的时候儿子为什么说"爹，该拐了"？（　　）

A. 他想告诉驴子　　B. 因为他爹的眼睛有问题　　C. 害怕他爹忘了

★驴子为什么不走了？（　　）

A. 驴子太累了　　B. 因为儿子的父亲病了　　C. 没有听到儿子说话

六、课外作业　Homework

请同学们用"V+ 着 + 名词 +VP"或"V+ 着 +VP"写一写教室里的人在做什么，路上的人做什么，公共汽车上的人在做什么。

Make sentences with the structure of "V+ 着 +noun+VP" or "V+ 着 +VP" to describe what people are doing in classroom, on street, on bus...

地点	什么人	干什么

七、汉字书写　Write the Chinese Characters

看下面的汉字部件，两两组合后注音，并抄写。

Look at the following Chinese character components and combine them in pairs to form characters. Write down the pinyin of the characters and copy the characters.

言　亻　占　隹　氵　亠　豆　目　亻
立　矢　象　忄　白　冫　寅　月　争

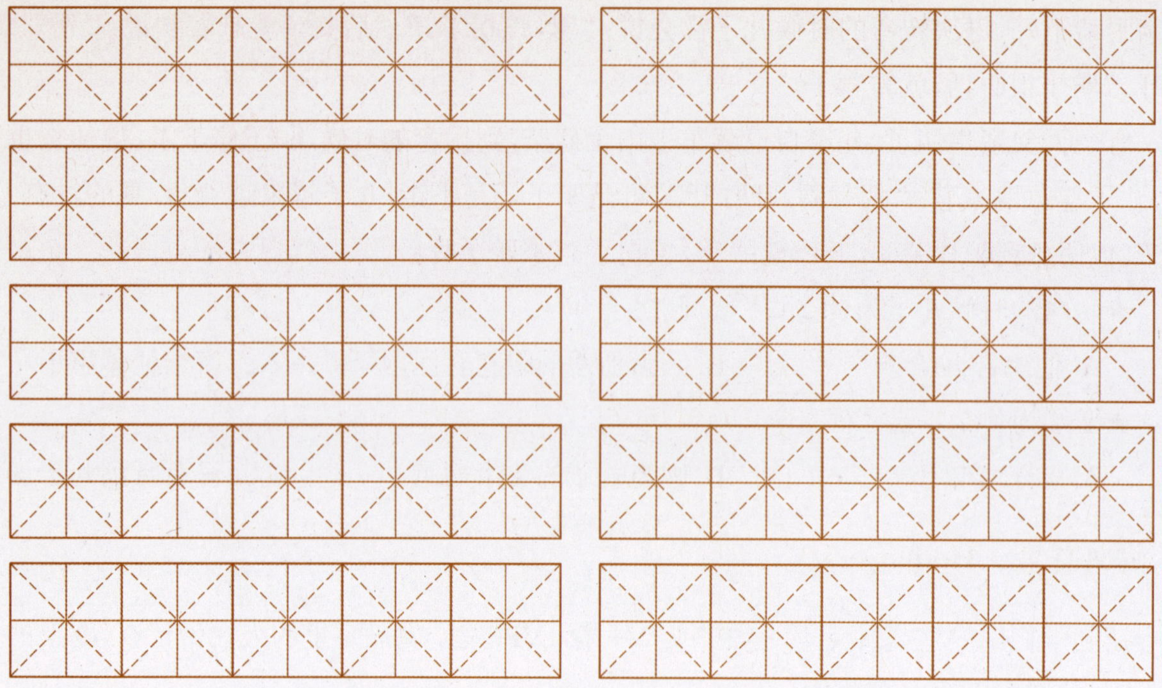

dì shísì kè
第十四课

Mǎlì xǐhuan chuān gāo gēnr xié
玛丽喜欢穿高跟儿鞋

shēngcí
生 词 New Words

1	跟儿	gēnr	名	heel	鞋跟儿
2	比	bǐ	介	(-er) than; to compare	我比他高
3	为什么	wèi shénme		why	你为什么不来
4	感兴趣	gǎn xìngqù		to be interested	对汉语感兴趣
5	为了	wèile	介	for the sake of; in order to	为了学汉语
6	起来	qǐlai	动	(used after verbs to indicate an impression, estimate or idea)	看起来

7	个子	gèzi	名	height	高个子
8	自信	zìxìn	动	self-confident	很自信
9	真的	zhēn de		really	真的不错
10	回答	huídá	动	to answer	回答问题
11	难受	nánshòu	形	to feel unwell	很难受
12	忘记	wàngjì	动	to forget	我忘记了
13	班	bān	名	class	三个班
14	主要	zhǔyào	形	main; principal	主要问题
15	矮	ǎi	形	short	他很矮

kèwén
课 文 Text

Mǎlì xǐhuan chuān gāo gēnr xié
(一) 玛丽喜欢穿高跟儿鞋

Wǒmen dōu zhīdào nánrén hé nǚrén de xiézi bù yíyàng, nǚrén de xiézi yìbān bǐ nánrén de gāo, yě jiùshì shuō nǚrén de xié gēnr bǐjiào gāo. Wèi shénme nǚrén duì gāo gēnr xié nàme gǎn xìngqù ne? Yǒu de rén shuō wèile piàoliang, yǒu de rén shuō kàn qǐlai

我们都知道男人和女人的鞋子不一样，女人的鞋子一般比男人的高，也就是说女人的鞋跟儿比较高。为什么女人对高跟儿鞋那么感兴趣呢？有的人说为了漂亮，有的人说看起来

gèzi gāo, hái yǒu de shuō chuān gāo gēnr xié de nǚrén gèng zìxìn.
个子高，还有的说穿高跟儿鞋的女人更自信。
Dànshì, chuān gāo gēnr xié zhēn de shūfu ma? Nánrén huì huídá shuō:
但是，穿高跟儿鞋真的舒服吗？男人会回答说：
piàoliang dànshì bù shūfu. Qíshí, dàduōshù nǚrén yě zhīdào
漂亮但是不舒服。其实，大多数女人也知道
zìjǐ de jiǎo nánshòu, dànshì yīnwèi xiǎng yào piàoliang jiù wàngjì nánshòu
自己的脚难受，但是因为想要漂亮就忘记难受
le. Wǒmen bān de Mǎlì jiùshì zhèyàng, tā bǐ wǒmen bān bié de
了。我们班的玛丽就是这样，她比我们班别的
nǚhái gèng xǐhuan chuān gāo gēnr xié, jīhū měi tiān dōu chuān gāo
女孩更喜欢穿高跟儿鞋，几乎每天都穿高
gēnr xié, tā shuō zhǔyào shì yīnwèi zìjǐ gèzi yǒudiǎnr ǎi.
跟儿鞋，她说主要是因为自己个子有点儿矮。
Xiànzài tā jiā lǐ yǒu jǐshí shuāng gāo gēnr xié ne.
现在她家里有几十双高跟儿鞋呢。

shēngcí
生词 New Words

16	春天	chūntiān	名	spring	春天很好
17	温度	wēndù	名	temperature	温度很高
18	低	dī	形	low	温度很低

19	度	dù	名	degree (temperature, angle, etc.)	三十七度
20	刮风	guāfēng		to blow the wind	今天刮风
21	阳光	yángguāng	名	sunshine	房间里没有阳光
22	冬天	dōngtiān	名	winter	冬天很冷
23	干	gān	形	dry	衣服干了

kèwén
课 文 Text

Zhèr de dōngtiān méiyǒu wǒmen nàr shūfu
(二) 这儿的冬天没有我们那儿舒服

Mǎlì: Jīntiān tiānqì búcuò, gēn chūntiān yíyàng.
玛丽：今天天气不错，跟春天一样。

Xiǎomíng: Duì, jīntiān bǐ zuótiān nuǎnhuo.
小明：对，今天比昨天暖和。

Mǎlì: Dànshì qíshí jīntiān de wēndù méiyǒu zuótiān de gāo, jīntiān líng xià yī dù ne.
玛丽：但是其实今天的温度没有昨天的高，今天零下一度呢。

Xiǎomíng: Shì ma? Bǐ zuótiān hái dī yí dù ne.
小明：是吗？比昨天还低一度呢。

Mǎlì: Yīnwèi jīntiān méi guāfēng, érqiě yángguāng yě hěn hǎo, zuótiān de yángguāng jiù méiyǒu jīntiān hǎo.
玛丽：因为今天没刮风，而且阳光也很好，昨天的阳光就没有今天好。

Xiǎomíng: Rúguǒ měi tiān dōu shì zhèyàng, dōngtiān jiù shūfu le.
小明：如果每天都是这样，冬天就舒服了。

Mǎlì: Shì a! Zhèyàng dōngtiān jiù gēn chūntiān yíyàng shūfu le.
玛丽：是啊！这样冬天就跟春天一样舒服了。

Xiǎomíng: Zhèlǐ de dōngtiān wǒ zhēn de bù xǐhuan, yòu gān yòu lěng, méiyǒu wǒmen nàlǐ de dōngtiān shūfu.
小明：这里的冬天我真的不喜欢，又干又冷，没有我们那里的冬天舒服。

Mǎlì: Shì. Gāng lái zhèr de shíhou, wǒ chángcháng gǎnmào, xiànzài yǐjīng xíguàn le.
玛丽：是。刚来这儿的时候，我常常感冒，现在已经习惯了。

注释 Notes

zhùshì

1. **也就是说** (in other words; that is to say...)

（1）我们一周后见面，也就是说下星期五见面。

（2）今天我没时间跟你一起去，也就是说你一个人去那里吧。

2. **看起来** (look;seem)

（1）这件衣服看起来很漂亮。

（2）看起来今天天气不错。

3. **大多数** (most; great majority)

（1）大多数学生都喜欢这儿。

（2）大多数人都知道他的名字。

课文理解 Text Comprehension

kèwén lǐjiě

一、根据课文(一)回答问题 Answer the Following Questions According to Text(一)

1. 男人和女人的鞋子有什么不一样？
2. 为什么女人喜欢穿高跟儿鞋？
3. 穿高跟儿鞋舒服吗？
4. 玛丽为什么喜欢穿高跟儿鞋？

二、根据课文(二)回答问题 Answer the Following Questions According to Text(二)

1. 今天的天气怎么样？
2. 今天冷还是昨天冷？
3. 为什么今天不太冷？
4. 小明喜欢这里的冬天吗？为什么？

三、根据课文(一)内容完成对话 Complete the Following Dialogue According to Text (一)

A: 你喜欢穿高跟儿鞋吗?

B: 不喜欢。我觉得________________________________。

A: 玛丽常常穿高跟鞋,因为________________________________。

B: 穿高跟儿鞋看起来______,但是自己的脚__________。

A: 女人的鞋子一般________________________________。

B: 是啊。很多人都觉得______________,其实,______女人也知道______。

A: 这样说,我们做女人也真不容易。

四、根据课文(二)填空 Fill in the Blanks According to Text(二)

今天的温度______昨天低,但是今天______昨天冷,因为今天没有______,太阳______,跟______一样。小明说这里的冬天很不______,因为又______又______。

yǔfǎ

语 法 Grammar

一、"比"字句 "比"-sentence

(A) A 比 B + adj.

今天 25 ℃　　　　昨天 35 ℃

1. 今天比昨天温度低。
2. 昨天比今天温度高。

飞机 800 km/h　　　　汽车 120 km/h

3. 飞机比汽车快。
4. 汽车比飞机慢。

我和妈妈

爸爸的鞋子

儿子的鞋子

妈妈的个子比我高。

我的个子比妈妈矮。

爸爸的鞋子比儿子的鞋子大。

儿子的鞋子比爸爸的鞋子小。

（B）

A 比 B ＋ adj. ＋ 数量补语

1. 今天的风比昨天大一点儿。
2. 他的个子比我高 5 cm。

（C）

A 比 B ＋ v. ＋ 宾语

喜欢、喜爱、爱、想……

1. 他比我喜欢冬天。
2. 哥哥比弟弟喜欢看电影。
3. 她比我喜爱中文歌。
4. 妈妈比我想弟弟。

错句 Wrong Sentences

* 1. 妈妈比我很高。

* 2. 他的衣服比我的非常贵。

* 3. 飞机比火车真快。

* 4. 今天比昨天特别热。

总结 Summary

“A 比 B+ 形容词 / 动词 + 其他”（“比”字句）表示两个事物或两种情况之间的差异比较。但是，不能说：“A 比 B+ 很 / 非常 / 特别 / 很 + 形容词 / 动词”。

The structure of “A 比 B+adj./v.+others” (“比”-sentence) indicates the comparison of the difference between two things or two situations. However, we can NOT say “A比 B+很 /非常 /特别 /很 +adj./v.”.

二、"没有"和"不比"　"没有" and "不比"

30 km/h　　170 km/h　　200 km/h

1. 自行车没有汽车快。
2. 汽车没有火车快。

否定式　Negative Form

A + 没有 + B + adj./VP

1. 今天没有昨天天气好。

* 今天不比昨天天气好。

2. 这双鞋子没有那双贵。

* 这双鞋子不比那双贵。

3. A：我觉得今天比昨天冷。
   B：今天不比昨天冷。（B 不同意 A，今天可能跟昨天一样冷，或者没有昨天冷。）
4. A：你的个子比他高。
   B：不，我不比他高。（B 不同意 A，我可能跟他一样高，或者没有他高。）
5. A：夏天天津比北京热。
   B：夏天天津不比北京热。（B 不同意 A，天津可能跟北京一样热，或者没有北京热。）
6. 今天的温度跟昨天差不多，不比昨天冷。（今天和昨天一样或者差不多）

总结　Summary

"A+ 没有 +B+ 形容词 / 动词短语"是"比"字句的否定形式。"不比"一般是表示不同意对方说法，或者表示 A 和 B 一样，差不多。

"A+没有 +B+adj./VP" is the negative form of "比" -sentence. "不比" generally indicates that the speaker disagrees with the other person, or it is used to indicate that A is the same as or similar to B.

zōnghé liànxí
综合练习 Comprehensive Exercises

一、朗读练习 Read Aloud

1. 她喜欢穿高跟儿鞋。
   她有个高个儿的姐姐。
   她的高个儿的姐姐喜欢穿高跟儿鞋。
2. 脚很难受。
   那个男孩儿的脚很大，鞋子很瘦。
   那个男孩儿穿着一双很瘦的鞋子，脚很难受。
3. 今天的温度很低。
   今天 -10 ℃，昨天 -12 ℃。
   今天的温度很低，但是今天的温度没有昨天低。
4. 冬天又干又冷。
   我不喜欢这里的冬天。
   这里的冬天又干又冷，我不喜欢。

二、选词填空 Choose the Proper Words to Fill in the Blanks

难受	真的	喜爱	几乎	自信	常常	自己	忘记

1. 今天我______很累，什么都不想干。
2. 我们的学生______都喜欢穿高跟儿鞋。
3. 这个电影太有意思了，我都______吃饭了。
4. 他______生活在这个城市，所以他______想家。
5. 你很______，不害怕考试。
6. 我爸爸很______看书，也爱买书。
7. 这双鞋子太小，我的脚特别______。

三、语法练习　Grammar Exercises

（一）组句　Construct Sentences

1. 穿　女人　喜欢　高跟儿鞋

____。

2. 知道　女人　脚　自己的　难受

____。

3. 昨天的　温度　比　不　今天的　高

____。

4. 爸爸　个子　高　没有　我

____。

5. 玛丽　冬天　很　喜欢　不　这里的

____。

（二）用"比""不比""没有"看图说话　Describe the Pictures with"比"，"不比" and "没有"

1.

50 cm

30 cm

____

____

2.

昨天

今天

____

____

3.

麦克、老师、杰克

4.

我的钱

麦克的钱

(三)看句子或对话画简图　Draw Sketches According to the Sentences or Dialogues

1. A:你的书包比她的大。

 B:我的书包不比她的大。

2. 他没有妹妹的个子高。

3. 今天没有昨天天气好,今天很热。

4. 他的眼睛没有我的大。

5. 玛丽的头发比我的长很多。

6. A: 他的个子比你高。

B: 他的个子不比我高，我们都是 178 cm。

(四)判断句子对错，错误的请改正 Judge the Following Sentences True or False, and Correct the Incorrect Sentences

1. 他比妈妈喜欢唱歌。 (　)
2. 这件衣服比那件 50 块贵。 (　)
3. 玛丽的汉语比我好一点儿。 (　)
4. 今天的温度比昨天高 5 ℃。 (　)
5. 哥哥的个子比我不低。 (　)
6. 这本书比那本真有意思。 (　)

(五)课堂活动 Activities

1. 使用下列词语组句，完成后请读给大家听。

Make sentences with the following words and read the completed sentences to the class.

教室　头发　唱歌　鞋子 书包　手机　飞机　火车 天气　衣服　书	比 没有 不比	大　小　旧　新　快 慢　舒服　长　差 好听　难听　贵　便宜

句子 1: ______________________

句子 2: ______________________

句子 3: ______________________

句子 4: ______________________

句子 5: ______________________

句子 6: ______________________

句子 7: ______________________

2. 每个学生把自己的书包、书、衣服的价格，身高，各自国家的气温写出来，然后与同桌互相问答，说出句子。

Everyone writes down the prices of your bag, books and clothes, your height, and the temperature of your country. Then ask and answer questions with your desk-mate and speak out the sentences.

A:______________________________

B:______________________________

A:______________________________

B:______________________________

A:______________________________

B:______________________________

A:______________________________

B:______________________________

四、看图，用词造句 Make Sentences with the Given Words According to the Pictures

1.

个子______________________________

2.

忘记______________________________

3.

春天________________________________

4.

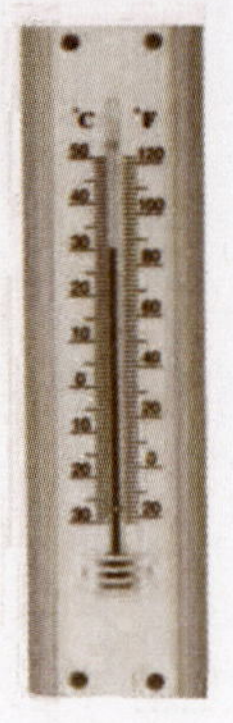

温度________________________________

五、阅读理解　Reading Comprehension

中国人的饮食习惯你知道吗？可能你会说中国人都喜欢吃面食。其实，并不是每个中国人都喜欢吃面食，特别是南方人，他们喜欢吃米饭。也就是说，南方人比北方人喜欢吃米饭，不太喜欢吃面食。北方人主要吃面食，如面条、馒头、包子、饺子等。你喜欢生活在中国的南方还是北方呢？

★中国南方人和北方人的饮食习惯有什么不同？（　　）

A. 南方人每天吃米饭

B. 南方人喜欢吃米饭，北方人喜欢吃面食

C. 北方人不喜欢吃面食

★下面哪些不都是面食？（　　）

A. 面条、馒头、鸡蛋

B. 馒头、包子、面条

C. 饺子、馒头、面条

六、汉字书写　Write the Chinese Characters

看下面的汉字部件，两两组合后注音，并抄写。

Look at the following Chinese character components and combine them in pairs to form characters. Write down the pinyin of the characters and copy the characters.

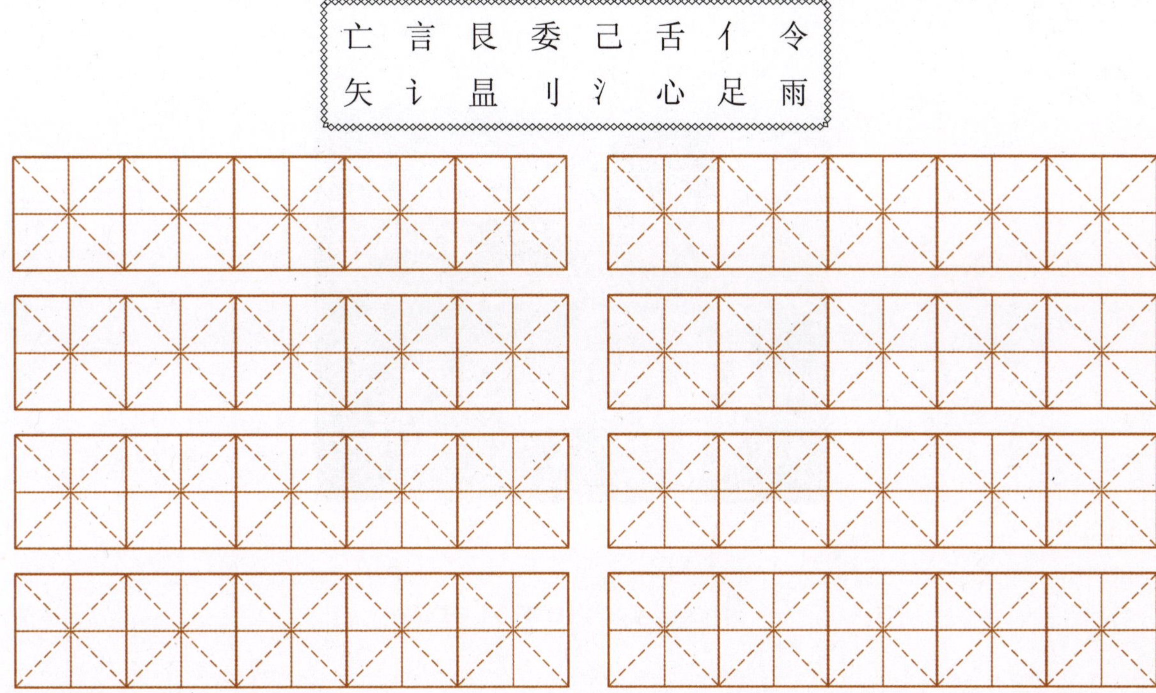

dì shíwǔ kè

第十五课

Shǒujī de shìjiè

手机的世界

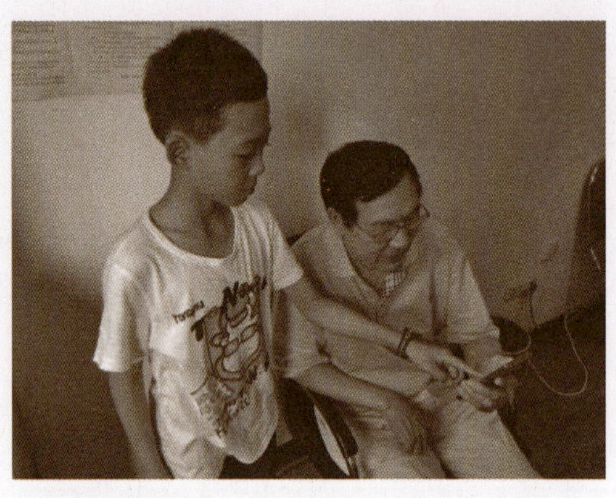

shēngcí

生词 New Words

1	爷爷	yéye	名	grandfather	他的爷爷
2	世界	shìjiè	名	world	世界很大
3	越	yuè	副	more	越来越好
4	糊涂	hútu	形	confused	他很糊涂
5	小心	xiǎoxīn	形	careful	小心一点儿
6	功能	gōngnéng	名	function	功能很多
7	新闻	xīnwén	名	news	看新闻
8	游戏	yóuxì	名	game	玩游戏
9	微信	wēixìn	名	wechat	看微信
10	年轻	niánqīng	形	young	他很年轻
11	发	fā	动	to send	发邮件
12	信	xìn	名	letter	写信
13	下载	xiàzài	动	to download	下载电影

14	影响	yǐngxiǎng	动/名	to affect; to influence; influence	影响学习
15	活	huó	动	to live; to be alive	这只狗还活着

kèwén
课文 Text

Yéye ràng wǒ gěi tā fā wēixìn
(一)爷爷让我给他发微信

Xiǎomíng zhèngzài wánr shǒujī, zhèshí yéye de shǒujī chūxiànle wèntí...
(小明正在玩儿手机，这时爷爷的手机出现了问题……)

Yéye: Xiǎomíng, nǐ kàn wǒ de shǒujī zěnme le? Wǒ yuè kàn yuè hútu.
爷爷：小明，你看我的手机怎么了？我越看越糊涂。

Xiǎomíng: Yéye, nín zhè shì zài shàng wǎng.
小明：爷爷，您这是在上网。

Yéye: Wǒ méiyǒu shàng wǎng ya.
爷爷：我没有上网呀。

Xiǎomíng: Kěnéng shì nín bù xiǎoxīn kāile shàng wǎng gōngnéng.
小明：可能是您不小心开了上网功能。

Yéye: Ò. Nǐ xiān bāng wǒ guān le. Nǐ chángcháng yòng shǒujī shàng wǎng ma?
爷爷：哦。你先帮我关了。你常常用手机上网吗？

Xiǎomíng: Shì a. Wǒ chángcháng shàng wǎng kàn xīnwén, dǎ yóuxì, xiànzài wǒ zuì xǐhuan de shì wēixìn, yuè yòng yuè xǐhuan.
小明：是啊。我常常上网看新闻，打游戏，现在我最喜欢的是微信，越用越喜欢。

Yéye: Shénme shì wēixìn? Shì niánqīng rén yòng de ba?
爷爷：什么是微信？是年轻人用的吧？

Xiǎomíng: Tā jiùshì yí ge liáotiān de dōngxi, nín kěyǐ yòng tā gēn péngyou liáotiān huòzhě shìpín, fā xìn. Nín xiǎng wǒ le, bú yòng gěi wǒ dǎ diànhuà yě kěyǐ gēn wǒ shuōhuà.
小明：它就是一个聊天的东西，您可以用它跟朋友聊天或者视频，发信。您想我了，不用给我打电话也可以跟我说话。

Yéye: Tài fāngbiàn le. Nǐ yě gěi wǒ xiàzài yí ge wēixìn ba, nǐ yǐhòu yě gěi yéye fā wēixìn ba.
爷爷：太方便了。你也给我下载一个微信吧，你以后也给爷爷发微信吧。

Xiǎomíng: Yéye yuè huó yuè niánqīng le. Wǒ bàba hái bú huì yòng wēixìn ne, yǐhòu nín kěyǐ jiāojiao wǒ bàba le.
小明：爷爷越活越年轻了。我爸爸还不会用微信呢，以后您可以教教我爸爸了。

Yéye: Búguò nǐ yòng wēixìn bù néng yǐngxiǎng xuéxí ya!
爷爷：不过你用微信不能影响学习呀！

shēngcí 生词 New Words

16	无法	wúfǎ	动	unable; incapable	无法使用
17	联系	liánxì	动	to contact	我联系你
18	过去	guòqù	名	in the past; previous	他过去是老师
19	电子邮件	diànzǐ yóujiàn		E-mail	发电子邮件
20	照相	zhàoxiàng	动	to take a picture	我给他照相
21	词典	cídiǎn	名	dictionary	买词典
22	水平	shuǐpíng	名	level	汉语水平
23	提高	tígāo	动	to improve	提高汉语水平

kèwén
课 文 Text

Xiǎomíng yǐjīng mǎile shí bù shǒujī le
(二)小明已经买了十部手机了

Xiǎomíng yǐjīng mǎile shí bù shǒujī le, yígòng huāle sānwàn duō kuài qián. Tā gàosu yéye, xiànzài shì shǒujī de shìjiè, shǒujī yuè lái yuè zhòngyào le, méiyǒu shǒujī rénmen jiù wúfǎ shēnghuó. Tā yě gěi yéye mǎi le yí bù shǒujī, zhèyàng gēn yéye liánxì jiù fāngbiàn le. Guòqù shǒujī zhǐ néng dǎ diànhuà, xiànzài shǒujī hái kěyǐ shàng wǎng, fā diànzǐ yóujiàn, zhàoxiàng, tīng yīnyuè. Tā chángcháng shàng wǎng kàn xīnwén, yǒu shíhou yě dǎda yóuxì, gēn péngyou liáoliao tiānr. Zuìjìn tā kāishǐ yòng shǒujī xuéxí Fǎyǔ, bú míngbai de cí, tā jiù yòng shǒujī cídiǎn, jìn jǐ gè yuè tā de Fǎyǔ shuǐpíng tígāole bù shǎo.

小明已经买了十部手机了，一共花了三万多块钱。他告诉爷爷，现在是手机的世界，手机越来越重要了，没有手机人们就无法生活。他也给爷爷买了一部手机，这样跟爷爷联系就方便了。过去手机只能打电话，现在手机还可以上网，发电子邮件，照相，听音乐。他常常上网看新闻，有时候也打打游戏，跟朋友聊聊天儿。最近他开始用手机学习法语，不明白的词，他就用手机词典，近几个月他的法语水平提高了不少。

zhùshì
注 释 Notes

1. **微信**(wechat, a mobile application for social networking)

(1)我常常用微信聊天儿。

(2)微信很方便。

2. **可** (used before an adjective in spoken language to express exaggeration, often followed by **"了"**, **"呢"** at the end of the sentence)

(1)今天可冷了。

(2)他的汉字写得可好了。

kèwén lǐjiě
课文理解 Text Comprehension

一、根据课文(一)回答问题 Answer the Following Questions According to Text(一)

1. 爷爷的手机怎么了?
2. 爷爷会上网吗?
3. 小明常常用手机上网吗?
4. 微信是什么? 你用微信吗?

二、根据课文(二)回答问题 Answer the Following Questions According to Text(二)

1. 小明买了几部手机了? 一共花了多少钱?
2. 小明觉得手机重要吗?
3. 现在的手机可以干什么?

三、根据课文(一)填空 Fill in the Blanks According to Text(一)

小明的爷爷正在________,但是他的手机有________了。爷爷不明白,越看越________。小明告诉爷爷他打开了上网______,然后他帮爷爷关了。小明常常用手机上网,看______,打______,他还常用微信______。他帮爷爷也______了微信软件。

四、根据课文(二)完成对话 Complete the Following Dialogue According to Text(二)

麦克:小明你喜欢玩儿手机吗?

小明:当然喜欢了,我____买了十部手机了。

麦克:哦! 你真的喜欢手机啊。

小明:我觉得没有手机就____生活,手机____重要了,现在是手机的____。

麦克:你常常用手机干什么?

小明:我用手机上网,发______,照相,听_______,有时候也打_______。现在我在用手机学习______,我的法语水平______不少。

yǔfǎ
语 法 Grammar

一、兼语句 The Pivotal Sentence

主语	V1	兼语	V2	宾语
Subject	V1	Pivot	V2	Object
他	让	我	洗	衣服。
老师	叫	他	去	办公室。
学校	派	一个老师	去	美国。
公司	请	他	做	翻译。

二、越来越 +adj. More and More + adj.

1. 他的汉语口语水平越来越高。
2. 教室里学生越来越多了。
3. 哥哥越来越高了。

越 + v./adj. + 越 + adj.	或	越 + v./adj. + 越 + v.（喜欢、爱）

1. 他的汉语越说越好。
2. 这种蛋糕越大越贵。
3. 这个菜我越吃越喜欢。

错句 Wrong Sentences

* 1. 这件衣服我越看越很喜欢。

* 2. 今年我越吃越非常胖。

* 3. 冬天越来越非常冷。

总结 Summary

我们可以说"越来越 +adj."和"越 +v.+ 越 +adj."。我们不能说"越来越很（非常、特别）+adj."或者"越 +V+ 越很（非常、特别）"。

We can say"越来越 +adj."and"越 +v.+ 越 +adj.", whereas we can NOT say"越来越很（非常，特别）+adj."or"越 +V+ 越很（非常，特别）".

zōnghé liànxí
综合练习 Comprehensive Exercises

一、朗读练习 Read Aloud

1. 世界

   手机的世界

   现在是手机的世界

2. 糊涂

   越看越糊涂

   我们越看越糊涂

3. 聊天

   跟朋友聊天

   他喜欢跟朋友聊天

4. 微信

   发微信

   我给爷爷发微信

5. 新闻

   上网看新闻

   我每天上网看新闻

二、选词填空 Choose the Proper Words to Fill in the Blanks

小心	过去	水平	越来越	糊涂	提高	影响	年轻

1. 你已经告诉我了,我忘了,对不起,我今天______了。
2. 这两天______冷,你去买件羽绒服吧。
3. 这两个月她的汉语______了很多,因为每天她都很努力。
4. ______大家都没有手机,现在谁没有呢?
5. 过马路时要______!
6. 来中国以后我认识了很多朋友,我的口语______提高了很多。
7. 他已经 60 多岁了,可是看起来很______。

8. 同学们在宿舍里不要______别人休息。

三、语法练习 Grammar Exercises

（一）组句 Construct Sentences

1. 请　下载　帮我　一部电影　吧

____

2. 常常　用微信　我　聊天　跟朋友

____

3. 你　祝　越来　年轻　越

____

4. 没有手机　生活　我们　无法　就

____

5. 他的口语　提高了　水平　最近　不少

____

6. 爸爸　我　让　旅行　去北京

____

（二）用“主语 + 让 / 叫 / 请 + 兼语（宾语 / 主语）+ 动词 + 宾语”写句子 Make Sentences with the Structure “Subject + 让 / 叫 / 请 + Pivot (Object/Subject) + Verb + Object”

1. 爸爸：你去邮局寄包裹吧。

儿子：好的，我去邮局寄包裹。

句子：（1）______________________________

（2）______________________________

2. 玛丽：你来我家玩儿，可以吗？

麦克：好的。谢谢你。

句子：（1）______________________________

（2）______________________________

3. 老板：明年你去中国学习汉语，你想去吗？

山本：太好了！谢谢老板。

句子：（1）______________________________

（2）______________________________

(三)用"越来越+adj."和"越+v.+越+adj."写句子 Make Sentences with the Structures of "越来越+adj." and "越+v.+越+adj."

1. 我的女儿：前年90 cm，去年100 cm，今年105 cm

句子：(1)________________

(2)________________

2. 麦克：2013年70 kg，2014年85 kg，2015年100 kg

句子：(1)________________

(2)________________

(四)判断句子对错，错误的请改正 Judge the Following Sentences True or False, and Correct the Incorrect Sentences

1. 我看越来越喜欢这本书。 ( )
2. 朋友让我去玩儿他的家。 ( )
3. 请下午你来我的办公室吧。 ( )
4. 最近水果越来越很贵了。 ( )
5. 这个菜太好吃了，我越吃越喜欢。 ( )
6. 他常常看电影用手机。 ( )

(五)课堂活动 Activities

1. 使用下列词语组句，完成后请读给大家听。

Make sentences with the following words and read the completed sentences to the class.

天气 口语 身体 汉字 语法 音乐 中国菜 衣服 手机 汽车	越来越+adj. 越+v.+越+adj. 越+v.+越+v.	多 高 慢 难 好吃 好听 胖 流行 贵 便宜

句子1：________________

句子2：________________

句子3：________________

句子4：________________

句子5：________________

句子6：________________

句子7：________________

2. 请用“越来越 +adj.”“越 +v.+ 越 +adj.”“越 +v.+ 越 +v.”说说你同学或者朋友的情况。

Talk about your classmates or friends with the structures of “越来越 +adj.”, “越 +v.+ 越 +adj.” and “越 +v.+ 越 +v.”.

学生 / 朋友	他的汉语 / 身体 / 朋友 / 汉字……怎么样？

四、看图，用词造句 Make Sentences with the Given Words According to the Pictures

1.

新闻________________

2.

信________________

3.

照相________________

4.

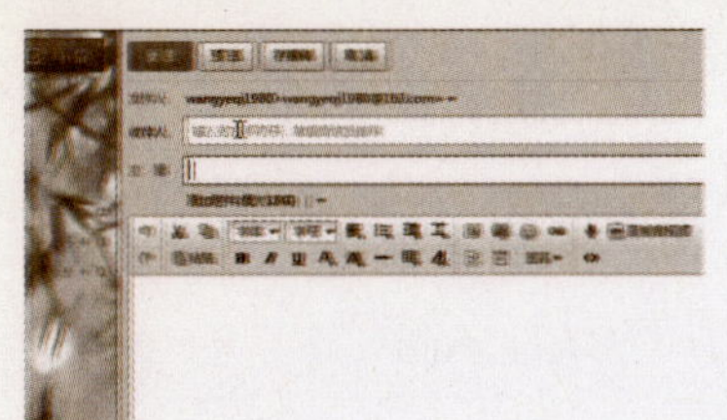

电子邮件____

五、阅读理解　Reading Comprehension

忘记带手机的一天

很多人越来越习惯每天带着手机，我也是这样。可是，上星期我去一个朋友家，坐上公共汽车才发现手机没带。“糟糕！怎么忘了呢？我太笨了。”我心里对自己说。虽然没有带手机，可是我还是跟以前一样过一会儿就去包里拿手机。真是麻烦，如果朋友或者家人给我打电话怎么办？我看着外面的大楼，觉得自己的脑子里什么都没有了。突然，我看见外面的广告牌上有一个新电影的广告，我很喜欢。我马上就去包里拿手机订电影票，哦，没有手机！一个小时以后我下车了，因为第一次去朋友家，不知道怎么走，看看手机上的地图吧，哦，没有手机！哎呀，没有手机我什么都不能做了吗？

★他什么时候发现手机忘记带了？（　　）

A. 在朋友家里

B. 在公共汽车上

C. 上车前

★在路上他想用手机做什么？（　　）

A. 拍照片

B. 买电影票

C. 打电话

六、课外作业　Homework

请同学们写一写你使用手机的经历，你每天用手机做什么。

Please write down your experiences of using mobile phone and what you do with mobile phone everyday.

使用手机的经历	每天用手机做什么

七、汉字书写 Write the Chinese Characters

看下面的汉字部件，两两组合后注音，并抄写。

Look at the following Chinese character components and combine them in pairs to form characters. Write down the pinyin of the characters and copy the characters.

走 亲 米 耳 工 力 车 斤 卩 又 去

门 由 父 胡 阝 耳 戊 关 氵 戈 圣

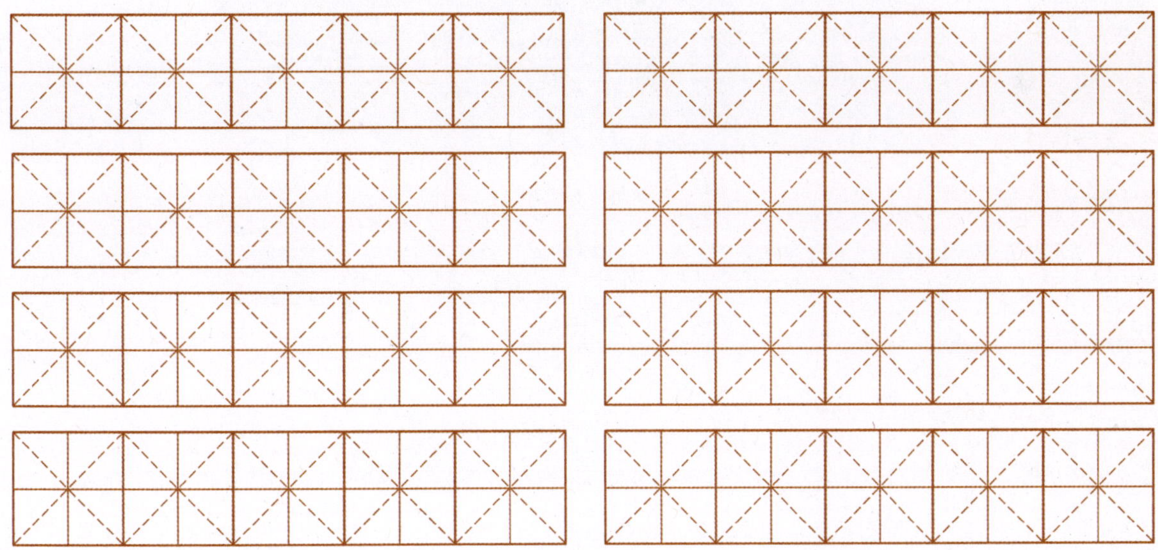

dì shíliù kè

第十六课

Gēge jiù yào jiéhūn le

哥哥就要结婚了

shēngcí

生 词 New Words

1	旅行	lǚxíng	动	to travel	喜欢旅行
2	挺	tǐng	副	very; quite; rather	挺热的
3	同意	tóngyì	动	to agree	他不同意
4	着急	zháojí	形	worried; anxious	爸爸很着急
5	马上	mǎshàng	副	at once; immediately	我马上来
6	从来	cónglái	副	always	从来没去过
7	多么	duōme	副 / 代	how; what (used in an exclamatory sentence to indicate a high degree)	多么漂亮啊
8	关心	guānxīn	动	to care for	他很关心我
9	记得	jìde	动	to remember	我不记得了
10	以前	yǐqián	名	before	以前去过
11	生气	shēngqì	动	to get angry	别生气

12	满意	mǎnyì	动	satisfy	他很满意
13	愿意	yuànyì	动	to be willing	不愿意去北京
14	孙子	sūnzi	名	grandson	他有两个孙子
15	空儿	kòngr	名	spare time	周日我有空儿
16	陪	péi	动	to accompany	陪妈妈去超市

kèwén
课文 Text

Gēge jiù yào jiéhūn le
(一)哥哥就要结婚了

Xiǎomíng zài shōushi xíngli
(小明在收拾行李)

Màikè: Xiǎomíng, nǐ shōushi xíngli gàn shénme ya? Qù lǚxíng ma?
麦克：小明，你收拾行李干什么呀？去旅行吗？

Xiǎomíng: Bú shì. Wǒ gēge xià ge xīngqī jiù yào jiéhūn le, wǒ yào huíqù cānjiā tā de hūnlǐ.
小明：不是。我哥哥下个星期就要结婚了，我要回去参加他的婚礼。

Màikè: Shì ma? Tīng nǐ shuō tā cái èrshíbā suì, jiéhūn tǐng zǎo de ā, wǒ tīngshuō zài dà chéngshì hěn duō rén sānshí yǐhòu cái jiéhūn.
麦克：是吗？听你说他才二十八岁，结婚挺早的啊，我听说在大城市很多人三十以后才结婚。

Xiǎomíng: Shì. Wǒ gēge yě bù tóngyì zhème zǎo jiéhūn, dànshì wǒ fùmǔ dōu bǐjiào zháojí, zǒngshì jízhe ràng tā jiéhūn, shuō tā mǎshàng jiù sānshí le. Tā de nǚpéngyou yě kuài èrshíbā suì le, tā de fùmǔ yě xiǎng ràng tāmen zǎo diǎnr jiéhūn.
小明：是。我哥哥也不同意这么早结婚，但是我父母都比较着急，总是急着让他结婚，说他马上就三十了。他的女朋友也快二十八岁了，她的父母也想让他们早点儿结婚。

Màikè: Hāha! Zhōngguó de fùmǔ zhēn shì yǒuyìsi. Wǒ jiějie yǐjīng sìshí le, hái méiyǒu jiéhūn, wǒ de fùmǔ cónglái
麦克：哈哈！中国的父母真是有意思。我姐姐已经四十了，还没有结婚，我的父母从来

bú wèn tā .
不问她。

Xiǎomíng: Xiànzài nǐ zhīdào Zhōngguó de fùmǔ duōme guānxīn zìjǐ de háizi le ba? Zhōngguó de fùmǔ jiùshì zhèyàng de, jìde yǐqián yīnwèi gēge zhǎo nǚpéngyou de shìr wǒ māma chángcháng shēngqì.
小明：现在你知道中国的父母多么关心自己的孩子了吧？中国的父母就是这样的，记得以前因为哥哥找女朋友的事儿我妈妈常常生气。

Màikè: Wèi shénme? Shì nǐ de fùmǔ duì tā de nǚpéngyou bù mǎnyì ma?
麦克：为什么？是你的父母对他的女朋友不满意吗？

Xiǎomíng: Bù, shì wǒ māma ràng wǒ gē zǎo diǎnr zhǎo nǚpéngyou, wǒ gēge bú yuànyì.
小明：不，是我妈妈让我哥早点儿找女朋友，我哥哥不愿意。

Màikè: Wǒ xiǎng nǐ gēge jiéhūn hòu, nǐ de fùmǔ jiù huì zháojí yào sūnzi le.
麦克：我想你哥哥结婚后，你的父母就会着急要孙子了。

Xiǎomíng: Nǐ shuō de méi cuò. Bù shuō zhèxiē le, jīntiān nǐ yǒu kòngr ma? Péi wǒ gěi wǒ gēge mǎi jiàn xīnhūn lǐwù ba.
小明：你说的没错。不说这些了，今天你有空儿吗？陪我给我哥哥买件新婚礼物吧。

Màikè: Méi wèntí!
麦克：没问题！

shēngcí
生词 New Words

17	红包	hóngbāo	名	red envelope containing money as a gift	发红包
18	应该	yīnggāi	动	should	我应该去
19	流行	liúxíng	动	to be popular	流行音乐
20	平板电脑	píngbǎn diànnǎo		tablet computer	新的平板电脑
21	附近	fùjìn	名/形	nearby	附近有一个银行

22	建议	jiànyì	动 / 名	to suggest; suggestion	他给我一个好建议

kèwén
课文 Text

Gěi gēge de jiéhūn lǐwù
(二)给哥哥的结婚礼物

Xiǎomíng de gēge jiù yào jiéhūn le, huí jiā qián, tā xiǎng gěi gēge mǎi jiàn lǐwù. Bié de péngyou yìbān dōu huì gěi tā sòng ge hóngbāor, Xiǎomíng juéde zìjǐ yīnggāi gěi gēge mǎi jiàn lǐwù. Tā gēge xǐhuan shàng wǎng, xiànzài píngbǎn diànnǎo hěn liúxíng, suǒyǐ tā xiǎng sòng gěi tā yí ge píngbǎn diànnǎo. Jīntiān shàngwǔ tā ràng Màikè péi tā qù fùjìn de shāngdiàn xuǎn lǐwù, Màikè yě jiànyì Xiǎomíng gěi gēge mǎi yì tái píngbǎn diànnǎo. Màikè shuō xiànzài píngbǎn diànnǎo hěn fāngbiàn, tèbié shì qù lǚxíng de shíhou.

小明的哥哥就要结婚了，回家前，他想给哥哥买件礼物。别的朋友一般都会给他送个红包儿，小明觉得自己应该给哥哥买件礼物。他哥哥喜欢上网，现在平板电脑很流行，所以他想送给他一个平板电脑。今天上午他让麦克陪他去附近的商店选礼物，麦克也建议小明给哥哥买一台平板电脑。麦克说现在平板电脑很方便，特别是去旅行的时候。

zhùshì
注　释　Notes

1. 不说这些了(forget it, *colloquial*)

(1)不说这些了,我们去吃饭吧。

(1)我们看看电视吧,不说这些了,太麻烦了。

2. 红包(red envelope containing money as a gift, usually used for New Year or wedding)

(1)在中国,过春节时老人要给孩子红包。

(1)他结婚时,朋友们给他很多红包。

kèwén lǐjiě
课文理解　Text Comprehension

一、根据课文(一)回答问题　Answer the Following Questions According to Text(一)

1. 小明为什么收拾行李?
2. 小明的哥哥什么时候结婚?
3. 小明的哥哥今年多少岁了?
4. 中国的父母对孩子怎么样?

二、根据课文(二)回答问题　Answer the Following Questions According to Text(二)

1. 小明要送给哥哥红包吗?
2. 小明的哥哥有什么爱好?
3. 小明要给哥哥买什么礼物?

三、根据课文(一)填空　Fill in the Blanks According to Text(一)

小明在收拾______,他不是去______,他要回家______哥哥的婚礼。他哥哥今年______,结婚______早的。他的父母比较______,想让他早点儿______。麦克说他姐姐已经40岁了,他的父母______不问她结婚的事儿。

四、根据课文(二)完成对话　Complete the Following Dialogue According to Text(二)

小明:麦克,今天下午你有______吗? ______我去买礼物吧。

麦克：给______买呢？

小明：给我的哥哥买______礼物。

麦克：听说中国人结婚一般会送______。

小明：是的。但是，我______我______给他买件礼物。我哥哥很喜欢______，现在______很流行，我打算送给他一台。

麦克：不错。平板电脑很______，特别是去______的时候。

语法 Grammar

yǔfǎ

一、要/快要/就要+VP+了

这种结构表示即将发生某事。

This structure indicates that an event is going to happen.

越来越冷　　冬天　　到了

1. 越来越冷了，冬天要到了。
2. 越来越冷了，冬天快要到了。
3. 越来越冷了，冬天就要到了。

12月28日　　新年　　到

4. 已经12月28日了，新年就要到了。
5. 已经12月28日了，新年要到了。
6. 已经12月28日了，新年快要到了。

二、快+VP/N+了

这种结构表示某事即将发生。

This structure indicates that an event is about to happen very soon.

1. 快开学了。
2. 爸爸快过生日了。
3. 快圣诞节了。

三、时间词语 + 就要 +VP+了　Time+就要 +VP+了

1. 明天我就要过生日了。
2. 下个月我们就要去旅行了。
3. 马上就要上课了。

错句　Wrong Sentences

* 1. 明天他快要来中国了。
* 2. 下个星期我们快要考试了。

综合练习 Comprehensive Exercises

zōnghé liànxí

一、朗读练习　Read Aloud

1. 行李
   收拾行李
   你收拾行李干什么？
2. 结婚
   让他结婚
   爸爸妈妈急着让他结婚。
3. 礼物
   买礼物
   他想给哥哥买件礼物。
4. 红包
   送红包
   一般的朋友都会给他送红包。

二、选词填空　Choose the Proper Words to Fill in the Blanks

满意　应该　所以　建议　着急　同意　流行　记得

1. 我______他的生日是下星期一，明天我去给他买礼物。

2. 房间里的空调坏了，______特别热。

3. 朋友______买一辆自行车，这样比较方便。

4. 他的手机丢了，现在他非常______。

5. 这首歌儿很______，很多人都会唱。

6. 他的爸爸对他的这次考试不______，觉得他不努力。

7. 医生说他______早点儿休息。

8. 他的父母都不______他今年出国。

三、语法练习 Grammar Exercises

(一)组句 Construct Sentences

1. 他 听说 结婚 已经 了

____

2. 麦克 在宿舍 行李 收拾 呢

____

3. 他 这么早 不同意 就 出发

____

4. 我的 马上 父母 来 就 了

____

5. 我 应该 给 爸爸 一件礼物 买

____

6. 玛丽 愿意 一个人 不 去那儿

____

(二)用"就要/要/快要+VP+了"看图说话 Describe the Pictures with the Structure of "就要/要/快要+VP+了"

1. 

____

____

2. ____

____

3. ____

____

（三）判断句子对错，错误的请改正　Judge the Following Sentences True or False, and Correct the Incorrect Sentences

1. 他下个月就要去美国了。（　）
2. 明天快要考试了。（　）
3. 我要去超市买点儿东西。（　）
4. 老师马上快要来教室了。（　）
5. 哥哥就要结婚一个护士了。（　）
6. 你是学生，应该好好学习。（　）

（四）课堂活动　Activities

使用下列词语组句，完成后请读给大家听。

Make sentences with the following words and read the completed sentences to the class.

我们	天气	妹妹
老师	学校	夏天
电影	啤酒	教室

就要 / 要 / 快要 +VP+ 了

考试	冷	来了
出发	结婚	
关门	开始	完

句子 1：____

句子 2：____

句子 3：____

句子 4：____

句子 5：____

句子 6：____

句子 7：________________

四、看图，用词造句　Make Sentences with the Given Words According to the Pictures

1.

旅行________________

2.

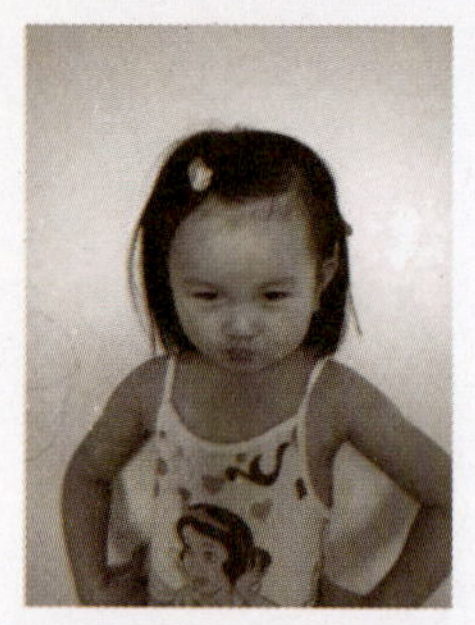

生气________________

3.

着急________________

4.

陪________________

五、阅读理解　Reading Comprehension

在中国，以前很多父母都很关心孩子什么时候结婚，不少父母都急着让孩子结婚，这样父母就觉得完成了一件大事。因为很多年轻人刚刚工作就结婚，所以他们结婚花的钱差不多都是父母的。父母还会帮他们买房子、办婚礼，等等。可是，现在情况跟以前不太一样了，很多年轻人不想结婚太早，想先工作挣钱，然后再考虑结婚的事儿。

★以前中国父母为什么急着让孩子结婚？（　　）

A. 因为觉得老了

B. 想完成这件事

C. 不喜欢跟孩子一起住

★现在的年轻人是怎么想的？（　　）

A. 先挣钱再结婚

B. 花父母的钱

C. 不想结婚

六、课外作业　Homework

请同学们问你的中国朋友下面的问题，并把答案写下来。

Ask your Chinese friends the following questions and write down the answers.

问　题	回答
你打算什么时候结婚？	
你父母想让你早点儿结婚吗？	
你哥哥结婚了吗？	
你朋友结婚，你送给他什么？	
你们国家送红包吗？	

七、汉字书写　Write the Chinese Characters

看下面的汉字部件，两两组合后注音，并抄写。

Look at the following Chinese character components and combine them in pairs to form characters. Write down the pinyin of the characters and copy the characters.

扌 己 廷 方 讠 刍 原 氵 心 讠

廴 巟 讠 义 氵 亥 心 聿 饣 㒼

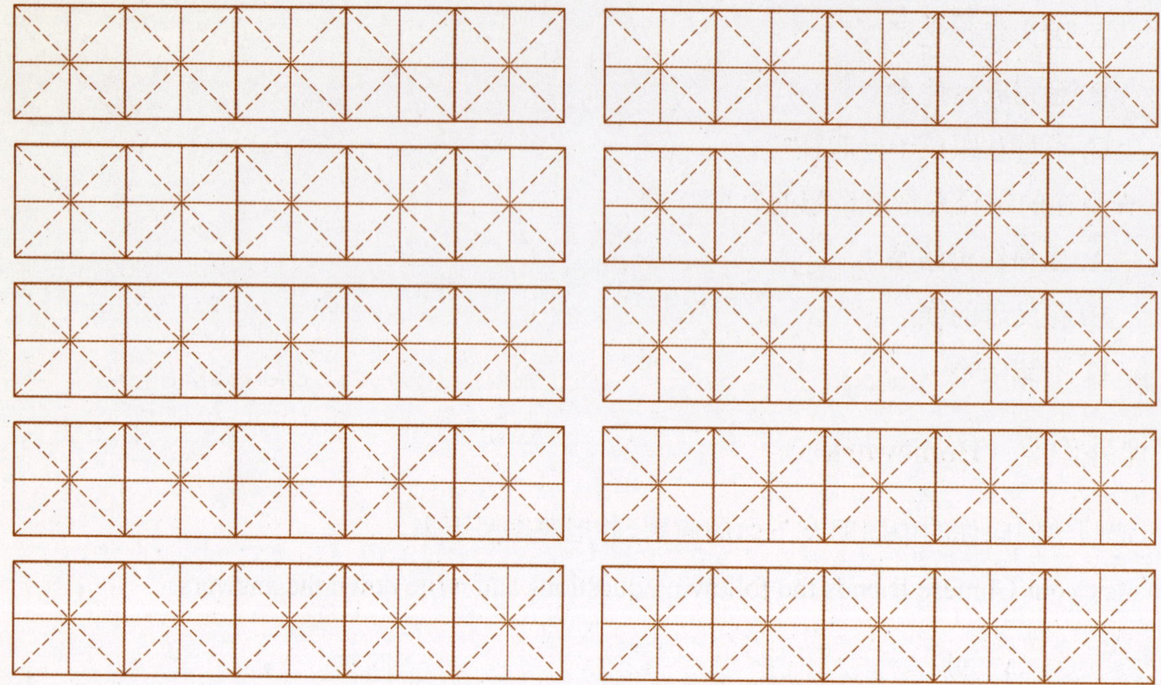

读写第二册总生词表

汉字	词性	拼音	课序	级别
矮	形	ǎi	14	三
爱好	动 / 名	àihào	8	三
安静	形	ānjìng	11	三
把	量	bǎ	11	三
班	名	bān	14	三
搬	动	bān	6	三
办公室	名	bàngōngshì	6	三
帮	动	bāng	5	
帮助	动	bāngzhù	8	二
包	名	bāo	7	三
报纸	名	bàozhǐ	1	二
杯子	名	bēizi	8	一
北方	名	běifāng	9	三
比	介	bǐ	14	二
比较	副	bǐjiào	9	三
比赛	动 / 名	bǐsài	4	三
必须	副	bìxū	2	三
毕业	动	bìyè	8	四
变化	动 / 名	biànhuà	12	三
表演	动 / 名	biǎoyǎn	13	三
别	副	bié	13	二
别人	名	biérén	13	三
宾馆	名	bīnguǎn	5	三
冰箱	名	bīngxiāng	12	三
不错	形	búcuò	1	二
不但	连	búdàn	3	四
才	副	cái	1	三
参加	动	cānjiā	4	三

汉字	词性	拼音	课序	级别
餐厅	名	cāntīng	2	五
草	名	cǎo	9	三
差不多	副	chàbuduō	2	四
长	形	cháng	9	二
场	量	chǎng	1	四
衬衫	名	chènshān	10	三
成绩	名	chéngjì	10	三
城市	名	chéngshì	3	三
迟到	动	chídào	1	三
出差	动	chūchāi	9	四
出发	动	chūfā	9	四
出现	动	chūxiàn	12	三
出租车	名	chūzūchē	3	一
厨房	名	chúfáng	12	三
除了	介	chúle	9	三
穿	动	chuān	5	二
传统	名	chuántǒng	5	五
春天	名	chūntiān	14	基础
词典	名	cídiǎn	15	四
次	量	cì	7	二
聪明	形	cōngming	10	三
从来	副	cónglái	16	四
错	形	cuò	1	二
打电话		dǎ diànhuà	6	一
打扫	动	dǎsǎo	6	三
打算	动 / 名	dǎsuàn	3	三
带	动	dài	3	三
戴	动	dài	10	四

汉字	词性	拼音	课序	级别
担心	动	dānxīn	8	三
但是	连	dànshì	5	二
蛋糕	名	dàngāo	12	三
当然	形 / 副	dāngrán	13	三
得	动	dé	4	二
灯	名	dēng	10	三
等	助	děng	13	四
低	形	dī	14	三
地方	名	dìfang	6	三
第一	数	dì yī	4	二
电视	名	diànshì	1	一
电梯	名	diàntī	12	三
电子邮件		diànzǐ yóujiàn	15	三
丢	动	diū	7	四
冬天	名	dōngtiān	14	基础
东西	名	dōngxi	6	一
堵车	动	dǔ chē	4	四
度	名	dù	14	
短	形	duǎn	13	三
段	量	duàn	9	三
锻炼	动	duànliàn	2	三
对	介	duì	8	二
多么	副 / 代	duōme	16	三
而且	连	érqiě	3	三
发	动	fā	15	四
发现	动	fāxiàn	10	三
发音	名 / 动	fāyīn	8	
放	动	fàng	10	三

汉字	词性	拼音	课序	级别
放松	动	fàngsōng	3	五
放心	动	fàngxīn	9	三
非常	副	fēicháng	1	二
飞机	名	fēijī	7	一
分钟	名	fēnzhōng	1	一
风景	名	fēngjǐng	3	四
附近	名 / 形	fùjìn	16	三
复习	动	fùxí	2	三
改	动	gǎi	9	基础
干	形	gān	14	四
干净	形	gānjìng	6	三
敢	动	gǎn	13	三
感冒	动	gǎnmào	10	三
感兴趣		gǎn xìngqù	14	基础
刚才	副	gāngcái	10	三
高	形	gāo	11	二
高兴	形	gāoxìng	12	一
歌词	名	gēcí	8	
个子	名	gèzi	14	四
跟	介	gēn	7	三
根据	介	gēnjù	9	三
跟儿	名	gēnr	14	
更	副	gèng	5	三
功能	名	gōngnéng	15	五
公司	名	gōngsī	1	二
公园	名	gōngyuán	2	三
工作	动 / 名	gōngzuò	1	一
故事	名	gùshi	11	三
刮风		guāfēng	14	三

汉字	词性	拼音	课序	级别
关	动	guān	10	三
关系	名	guānxi	9	三
关心	动	guānxīn	16	三
逛街	离	guàng jiē	2	三
国家	名	guójiā	5	三
过	助	guò	4	二
过去	名	guòqù	15	三
还是	副 / 连	háishì	3	三
害怕	动	hàipà	13	三
好像	副	hǎoxiàng	4	四
河	名	hé	11	三
合唱团	名	héchàngtuán	8	
嘿	叹	hēi	13	六
黑	形	hēi	5	二
黑板	名	hēibǎn	2	三
红	形	hóng	3	二
红包	名	hóngbāo	16	六
厚	形	hòu	9	四
后来	副	hòulái	12	四
糊涂	形	hútu	15	五
呼吸	动	hūxī	3	五
护照	名	hùzhào	7	三
花	名	huā	3	三
画	动	huà	11	三
画家	名	huàjiā	11	
坏	形	huài	12	三
环境	名	huánjìng	3	三
换	动	huàn	5	三
黄	形	huáng	5	三
回答	动	huídá	14	二
会	动	huì	4	一
会议	名	huìyì	9	三
婚礼	名	hūnlǐ	5	五
活	动	huó	15	基础
或者	连	huòzhě	3	三
机场	名	jīchǎng	7	二
几乎	副	jīhū	11	三
极	副	jí	12	三
集合	动	jíhé	3	四
记得	动	jìde	16	三
季节	名	jìjié	9	三
简单	形	jiǎndān	12	三
减肥	动	jiǎnféi	4	四
见面	动	jiànmiàn	1	三
健身房	名	jiànshēnfáng	6	五
建议	动 / 名	jiànyì	16	五
讲	动	jiǎng	11	三
教	动	jiāo	12	三
脚	名	jiǎo	10	三
街道	名	jiēdào	4	三
结婚	动	jiéhūn	5	三
节目	名	jiémù	13	三
借	动	jiè	10	三
进	动	jìn	11	二
经常	副	jīngcháng	4	三
经过	动	jīngguò	12	三
经理	名	jīnglǐ	9	三
警察	名	jǐngchá	7	四

汉字	词性	拼音	课序	级别	汉字	词性	拼音	课序	级别
旧	形	jiù	2	三	聊天儿	离	liáotiānr	2	三
就	副	jiù	1	二	了解	动	liǎojiě	8	三
举行	动	jǔxíng	5	三	邻居	名	línjū	4	三
觉得	动	juéde	1	二	留学	动	liúxué	12	四
决定	动 / 名	juédìng	6	三	流行	形	liúxíng	16	四
咖啡馆	名	kāfēiguǎn	8		旅行	动	lǚxíng	16	四
开	动	kāi	8	一	绿	形	lǜ	3	三
开始	动	kāishǐ	5	二	马上	副	mǎshàng	16	三
考试	动	kǎoshì	10	二	满意	动	mǎnyì	16	三
棵	量	kē	11	四	慢	形	màn	7	二
可爱	形	kě'ài	10	三	帽子	名	màozi	10	三
可以	能	kěyǐ	3	二	米饭	名	mǐfàn	12	一
客人	名	kèrén	5	三	面包	名	miànbāo	12	三
空气	名	kōngqì	3	四	明白	形 / 动	míngbai	13	三
空儿	名	kōngr	16	四	拿	动	ná	11	三
空调	名	kōngtiáo	10	三	那么	代	nàme	6	基础
裤子	名	kùzi	10	三	难	形	nán	4	三
快	形	kuài	7	二	难受	形	nánshòu	14	四
筷子	名	kuàizi	12	三	能	动	néng	4	一
蓝	形	lán	5	三	年	名	nián	12	一
浪费	动	làngfèi	10	四	年轻	形	niánqīng	15	三
老	形	lǎo	11	三	鸟	名	niǎo	3	三
累	形	lèi	1	二	努力	形	nǔlì	11	三
离开	动	líkāi	12	三	爬山	离	pá shān	3	三
联系	动	liánxì	15	四	盘子	名	pánzi	6	三
脸	名	liǎn	2	三	胖	形	pàng	4	三
练习	动 / 名	liànxí	4	三	陪	动	péi	16	四
亮	形	liàng	10	四	皮鞋	名	píxié	5	五
辆	量	liàng	4	三	啤酒	名	píjiǔ	12	三

汉字	词性	拼音	课序	级别
平板电脑	名	píngbǎn diànnǎo	16	
平时	名	píngshí	4	四
其实	副	qíshí	7	三
其他	代	qítā	12	三
骑	动	qí	4	三
奇怪	形	qíguài	7	三
起飞	动	qǐfēi	7	四
起来	动	qǐlai	14	四
轻	形	qīng	12	四
清楚	形	qīngchu	2	三
晴	形	qíng	11	二
请假	离	qǐng jià	2	四
秋	名	qiū	8	三
裙子	名	qúnzi	5	三
然后	副	ránhòu	2	三
让	动	ràng	10	二
热情	形	rèqíng	11	三
认识	动	rènshi	6	一
认为	动	rènwéi	10	三
容易	形	róngyì	8	三
如果	连	rúguǒ	8	三
伞	名	sǎn	11	三
散步	离	sànbù	9	四
沙发	名	shāfā	8	四
上班	动	shàng bān	1	二
上网	离	shàng wǎng	2	三
生活	动 / 名	shēnghuó	2	四
生气	动	shēngqì	16	三
声音	名	shēngyīn	8	三
试	动	shì	8	四
适合	动	shìhé	5	四
世界	名	shìjiè	15	三
视频	名	shìpín	7	六
事情	名	shìqing	12	二
瘦	形	shòu	4	三
舒服	形	shūfu	8	三
叔叔	名	shūshu	4	三
树	名	shù	11	三
刷牙	离	shuā yá	2	三
双	量	shuāng	5	三
水平	名	shuǐpíng	15	三
说话		shuōhuà	11	一
虽然	连	suīrán	7	三
孙子	名	sūnzi	16	四
所以	连	suǒyǐ	6	二
躺	动	tǎng	11	四
特别	副	tèbié	3	三
疼	形	téng	12	三
提高	动	tígāo	15	三
体育	名	tǐyù	13	三
体重	名	tǐzhòng	7	
天气	名	tiānqì	4	一
条	量	tiáo	5	三
听说	动	tīngshuō	3	基础
挺	副	tǐng	16	四
同事	名	tóngshì	9	三
同意	动	tóngyì	16	三

汉字	词性	拼音	课序	级别	汉字	词性	拼音	课序	级别
头发	名	tóufa	10	三	新娘	名	xīnniáng	5	六
突然	副	tūrán	11	三	心情	名	xīnqíng	3	四
腿	名	tuǐ	10	三	新闻	名	xīnwén	15	三
外	名	wài	7	二	新鲜	形	xīnxiān	3	三
完成	动	wánchéng	11	三	信	名	xìn	15	三
碗	名 / 量	wǎn	6	三	信用卡	名	xìnyòngkǎ	7	四
晚饭	名	wǎnfàn	13	基础	行李箱	名	xínglixiāng	9	三
忘记	动	wàngjì	14	三	兴趣	名	xìngqù	8	三
微信	名	wēixìn	15		休息	动	xiūxi	11	二
位	量	wèi	11	三	需要	动 / 名	xūyào	1	三
喂	叹	wèi	6	一	选	动	xuǎn	5	
为了	介	wèile	14	三	颜色	名	yánsè	5	二
为什么		wèi shénme	14	二	眼睛	名	yǎnjīng	10	二
温度	名	wēndù	14	四	眼镜	名	yǎnjìng	11	三
文化	名	wénhuà	8	三	阳光	名	yángguāng	14	四
问题	名	wèntí	4	二	样子	名	yàngzi	8	四
污染	动	wūrǎn	4	四	爷爷	名	yéye	15	三
无法	动	wúfǎ	15		一定	副	yídìng	9	三
习惯	动 / 名	xíguàn	2	三	一会儿	名	yíhuìr	1	
洗	动	xǐ	7	二	一块儿	副	yíkuàir	3	基础
洗手间	名	xǐshǒujiān	7	三	一样	形	yíyàng	6	三
洗澡	动	xǐ zǎo	1	三	以后	名	yǐhòu	13	三
下雨	动	xià yǔ	1	一	已经	副	yǐjīng	6	二
下载	动	xiàzǎi	15	五	以前	名	yǐqián	16	三
先	副	xiān	2	三	以为	动	yǐwéi	13	三
相信	动	xiāngxìn	13	三	椅子	名	yǐzi	6	一
像	动 / 副	xiàng	13	三	一般	副	yìbān	2	三
小心	形	xiǎoxīn	15	三	一起	副	yìqǐ	1	二
校长	名	xiàozhǎng	9	三	意思	名	yìsi	3	二

汉字	词性	拼音	课序	级别	汉字	词性	拼音	课序	级别
一直	副	yìzhí	3	三	照相机	名	zhàoxiàngjī	7	三
因为	连	yīnwèi	6	二	真的		zhēn de	14	
音乐	名	yīnyuè	8	三	睁	动	zhēng	13	五
饮料	名	yǐnliào	12	四	正在	副	zhèngzài	6	二
应该	动	yīnggāi	16	三	只	副	zhǐ	5	三
影响	动 / 名	yǐngxiǎng	15	三	中间	名	zhōngjiān	11	三
用	动	yòng	1	三	终于	副	zhōngyú	12	三
游戏	名	yóuxì	15	三	种	量	zhǒng	6	三
又	副	yòu	6	三	种	动	zhòng	11	基础
鱼	名	yú	13	二	重要	形	zhòngyào	7	三
遇到	动	yùdào	10	三	周末	名	zhōumò	3	三
预习	动	yùxí	2	四	主要	形	zhǔyào	14	三
原因	名	yuányīn	6	四	准备	动	zhǔnbèi	13	二
愿意	动	yuànyì	16	三	桌子	名	zhuōzi	6	一
越	副	yuè	15	三	自己	代	zìjǐ	7	三
再	副	zài	10	二	自信	动	zìxìn	14	五
咱们	代	zánmen	1	四	自行车	名	zìxíngchē	4	二
怎么样	代	zěnmeyàng	1	一	总是	副	zǒngshì	6	三
站	动	zhàn	13	三	组织	动 / 名	zǔzhī	4	
丈夫	名	zhàngfu	8	二	嘴	名	zuǐ	13	
着急	动	zháojí	16	三	最好	副	zuìhǎo	13	
找	动	zhǎo	7	二	最近	名	zuìjìn	4	
照顾	动	zhàogu	7	三	左右	名	zuǒyòu	1	四
照相	动	zhàoxiàng	15	基础	作业	名	zuòyè	2